Saul Friedländer

ISRAEL IM KRIEG

Saul Friedländer

ISRAEL IM KRIEG

EIN TAGEBUCH

Aus dem Englischen
von Andreas Wirthensohn

C.H.Beck

www.chbeck.de
Umschlaggestaltung: Kunst oder Reklame, München
Satz: Janß GmbH, Pfungstadt
Druck und Bindung: GGP Media GmbH, Pößneck
Printed in Germany
ISBN 978 3 406 82456 2

verantwortungsbewusst produziert
www.chbeck.de/nachhaltig

Oktober 2023 7
November 2023 75
Dezember 2023 135

Schreibpause 153

März 2024 156
April 2024 161
Mai 2024 183

Epilog 201

OKTOBER 2023

7. Oktober 2023

Unfassbar! Das Land wird angegriffen! Die Hamas ist massiv in den Süden Israels eingedrungen, entlang der Grenze zu Gaza. Völlige Überraschung und totale Panik. Offenbar hat niemand das kommen sehen. In den ersten Berichten ist von Dutzenden, vielleicht Hunderten toten Israelis die Rede, und Dutzende Bewohner dieser Grenzgemeinden sollen als Geiseln genommen und nach Gaza verschleppt worden sein. Die Wiederholung des Oktobers 1973 im Oktober 2023 hat Israel völlig überrascht: Die Regierung hat geschlafen, die Armee hat geschlafen, die Experten, die uns jeden Tag mit Interpretationen darüber bombardieren, was die Araber getan haben und was sie tun werden, wurden alle völlig überrumpelt, nicht nur mit heruntergelassenen Hosen, sondern schlafend und ohne Hosen ... Was für eine Schande, vor allem für den Militärgeheimdienst, den Schin Beth und den Mossad. Und natürlich für Benjamin Netanjahu und seinen Verteidigungsminister Yoav Galant. Die Vergeltung wird wegen der Geiseln in den Händen der Hamas kompliziert sein. Zu allem Überfluss befindet sich Israel im Inneren in einer schrecklichen Situation, buchstäblich zerrissen zwischen verschiedenen feindlichen Fraktionen und mit einer intern geschwächten Armee.

Die Hisbollah im Norden wartet wahrscheinlich nur darauf, dass sich der Großteil unserer Streitkräfte nach Süden bewegt, bevor sie eine zweite Front eröffnet; diese wird sehr viel problematischer sein.

Hunderttausende Israelis werden mobilisiert, der Zivilbevölkerung steht eine sehr schwere Zeit bevor.

Benny Gantz ist bereit, der Koalition von Netanjahu ohne Bedingungen beizutreten. Lapid will nur beitreten, wenn Smotrich und Ben-Gvir vor die Tür gesetzt werden. Ich denke, er hat Recht. Die Einnahme der Polizeistation von Sderot, die von fünf, ja fünf Hamas-Kämpfern gehalten wird, dauert unendlich lange. Unglaublich! Es gibt unendlich viele Fragen, und jeder in der Armee schweigt: Wo war unser hochgerüsteter Geheimdienst, wo war der Mossad, was ist mit dem super ausgeklügelten Zaun passiert, der um die Enklave Gaza gebaut wurde? Natürlich werden zu gegebener Zeit Köpfe rollen und Netanjahu und seine Frau Sara'le werden bei den nächsten Wahlen vor die Tür gesetzt werden. Er würde niemals den Mut zeigen, den Golda Meir 1974 bewies, und zurücktreten. Die gesamte Regierung ist ein Haufen von Verrückten, aber im Moment hat das Land keine andere Wahl, als sie zu behalten.

Die Zahl der Getöteten ist auf 700 gestiegen und noch nicht endgültig, und die der 2200 verwundeten Israelis ist es auch nicht. Mehr als 130 Israelis sind Geiseln, darunter, das möchte ich betonen, kleine Kinder, alte, gehbehinderte Menschen, Frauen jeden Alters und natürlich auch Männer jeden Alters. Die Eltern und Verwandten der Geiseln und Gefangenen, die rund um die Uhr im Radio und im Fernsehen zu hören sind, erhalten keine Antwort, keine Nachricht, keine Unterstützung von offizieller Seite. Nicht eine Silbe. Sie weinen, sie flehen um ein Wort, aber es kommt keine Antwort, nichts.

Höchstwahrscheinlich hat der Iran der Hamas bei der

Vorbereitung des Angriffs geholfen, so wie China dem Vietcong möglicherweise bei der Tet-Offensive geholfen hat, die 1968 den Verlauf des Vietnamkriegs veränderte. Es ist unwahrscheinlich, dass sich das militärische Kräfteverhältnis zwischen Israel und der Hamas ändern wird, aber der Gang der Ereignisse im Nahen Osten scheint kurz vor einer Veränderung zu stehen. Das erklärt die starke Unterstützung der USA für Israel. Eine ganze Flugzeugträger-Kampfgruppe wurde in die Nähe der israelischen Küste beordert, und es werden verschiedene militärische Hilfen entsandt. Natürlich spielt die Sympathie Bidens für Israel eine Rolle. Aber entscheidender als die Sympathie ist die Gegenwehr gegen eine wahrscheinliche Front in der Region – wie auch anderswo – von Iran, Russland und möglicherweise China.

Netanjahu hat gesprochen und nichts gesagt: «Wir werden ihnen die Knochen brechen ...».

8. Oktober 2023

Selbst an Jom Kippur war der Beginn weniger katastrophal und schrecklich als jetzt. Inmitten dieses totalen Chaos schweigen die offiziellen Quellen, entweder als «Strategie» oder, was plausibler ist, als Ausdruck der Beschämung angesichts des völligen Fehlens jeglicher Vorbereitung und, was vielleicht noch schlimmer ist, des absoluten Versagens der so genannten Vorbereitungen. Die verschiedenen Online-Netzwerke füllen diese Stille, aber der allgemeine Eindruck ist der eines völligen offiziellen Durcheinanders.

Man geht davon aus, dass sich die Armee auf einen Einmarsch in Gaza vorbereitet. Dieser Schritt könnte auf allen Seiten schrecklich viele Menschenleben kosten.

In seiner ersten Erklärung seit Beginn der Ereignisse räumte der Generalstabschef ein, dass es viele Fragen und viel Verbitterung gebe, «aber jetzt ist es an der Zeit, die notwendigen Maßnahmen zu ergreifen» (und nicht nach Antworten zu suchen, wenn ich seine Erklärung vervollständigen darf). Generalleutnant Herzi Halewi war in der Tat ein unglücklicher Generalstabschef, der ständig von den Ben-Gvirs und ihresgleichen angegriffen und von Netanjahu in Friedenszeiten nicht verteidigt wurde, und er wird nun sicherlich für die mangelnde Vorbereitung der Armee verantwortlich gemacht werden. Es wird, wenn die Zeit gekommen ist, viele Untersuchungskommissionen geben. Übrigens sind Ben-Gvir und Smotrich völlig still. Das sollten sie auch sein.

Ein Einzelschicksal, dessen Geschichte im Rundfunk zu hören war: Eine Frau rief ihren Sohn an, einen Jugendlichen, der sich im Süden aufhielt, um Nachrichten von ihm zu erhalten. Ein Fremder nahm ihren Anruf entgegen: «Mein Name ist Muhammed. Ihr Sohn ist tot.» Einer von siebenhundert. Die Zahl der Israelis, die als Geiseln oder Gefangene nach Gaza verschleppt wurden, wird inzwischen auf 150 bis 200 geschätzt. Das wird die Vergeltungsmaßnahmen auf schreckliche Weise erschweren.

Die derzeitige Situation hat etwas Mysteriöses an sich: Die Angriffe der israelischen Luftwaffe auf den Gazastreifen, die ziemlich verheerend sein könnten, fallen sehr zurückhaltend aus, offenbar ganz bewusst; es befinden sich immer noch Hamas-Leute auf israelischem Gebiet, und sie sind noch nicht ausgeschaltet; all dies scheint sich ganz bewusst mit verringerter Intensität zu entwickeln. Ich weiß, dass einige Leute an Verrat denken; ich glaube eher an amerikanischen Druck als Bedingung für die versprochene Hilfe und, entweder dank amerikanischer oder ägyptischer Vermittlung, ein Versprechen der Hamas, den in Gaza festgehaltenen Geiseln und Gefangenen nichts anzutun, wenn Israel auf drastische Vergeltungsmaßnahmen verzichtet. Kurzum, ein Versuch, die Ereignisse auf das Niveau der üblichen Übergriffe und der üblichen Reaktionen zurückzubringen, wenn sich alle Seiten an die auferlegte Mäßigung halten. Dies würde auch das allgemeine Schweigen der offiziellen israelischen Quellen erklären. Aber wie lange kann das noch so weitergehen?

Eine weitere mögliche Erklärung ist: Netanjahu konnte beweisen, dass der Iran Drahtzieher des Hamas-Angriffs war, und hat Biden davon überzeugt, dass dies der richtige Moment ist, um Teheran anzugreifen und damit verschiedenen Ärgernissen im Nahen Osten (Hamas, Hisbollah) ein Ende zu machen und die Vorherrschaft des westlichen Einflusses in der arabischen Welt wiederherzustellen. Ein solcher Schritt wäre mit Gefahren verbunden, da die Ajatollahs nicht kampflos untergehen würden. Dies allein könnte die amerikanische Verstärkung auf allen Ebenen erklären. Meine Frau Orna vertritt diese gewagte, aber logische Interpretation; sie klingt recht überzeugend, sieht man von den damit verbundenen Risiken einmal ab, die nicht zu Netanjahus üblichem *modus operandi* passen.

9. Oktober 2023

Schätzungen zufolge wurden mehr als 800 Israelis getötet. Ansonsten keine Anzeichen für eine größere Operation. Chaos auf den Straßen: Es dauert Stunden, bis die Reservisten zu ihren Einheiten kommen.

Es scheint, dass Abbas Kamel, der ägyptische Geheimdienstchef, Netanjahu ein paar Tage vor dem Angriff gewarnt hat, dass vom Gazastreifen aus etwas Großes passieren würde; Netanjahu antwortete angeblich, dass die Armee in den besetzten Gebieten beschäftigt sei. In der Tat war die Armee damit beschäftigt, Rachels Grab oder etwas Ähnliches zu «schützen», wie Ben-Gvir und Smotrich es gefordert hatten. Kamal soll ob der Gleichgültigkeit des Premierministers verblüfft gewesen sein. Wenn die ägyptischen Informationen über die Warnung stimmen, wiegt Netanjahus Verantwortung noch schwerer als bislang gedacht. Das Büro von Netanjahu bezeichnet sie als «Fake News». Ist ja klar.

Heute habe ich ein Exemplar meines Buches erhalten, des Tagebuchs, das ich zwischen Januar 2023 und Juli 2023 geschrieben habe. Sein deutscher Titel lautet (da die Erstveröffentlichung auf Deutsch ist): *Blick in den Abgrund. Ein israelisches Tagebuch.* Wenn, wie ich hoffe, das Tagebuch, das ich am Vorabend dieses Krieges begonnen habe, die Zeit bis zu seinem Ende abdeckt, würde ich mir sehr eine einbändige Darstellung des gesamten Zeitraums wünschen, von Januar 2023 bis zum Ende der gegenwärtigen Ereignisse. Der Zeitraum davor erklärt nicht, was am 7. Oktober geschah, aber er beschreibt die politische

Blindheit in Israel und die Horrorshow, die Netanjahus Koalition darstellte, als ein Element in einer Ereignisfolge, die wir noch nicht überblicken und noch nicht zusammenfassen können. Aber all das ist vorerst irrelevant; lassen Sie mich zu den Ereignissen zurückkehren.

Ein Korrespondent in Sderot berichtet an diesem dritten Tag des Krieges, dass sich immer noch Hamas-Kämpfer an verschiedenen Stellen auf israelischem Gebiet um den Gazastreifen herum versteckt halten; sie kämpfen weiterhin sporadisch und scheinen gut getarnt zu sein. Dutzende sind getötet worden, aber einige sind noch übrig. Das einzige Lebensmittelgeschäft in der Stadt ist das von Mofida, einer arabischen Frau, die seit fünfundzwanzig Jahren in Sderot lebt. Sie verkauft Lebensmittel, Kleidung und andere Dinge des täglichen Bedarfs; ihr Sohn kümmert sich um die Belieferung der Einwohner, die nicht selber kommen können. Mofida sagt, sie habe keine Angst, sie sei Araberin und die Bewohner von Sderot seien nach all den Jahren ihre Familie.

Es wird immer schwieriger, sich ein klares Bild von den Geschehnissen zu machen; die einzelnen Zeugnisse, die man aus dieser Region über das, was die Überlebenden erlebt haben, erhält, sind kaum zu glauben und lassen einem das Blut in den Adern gefrieren. Die Zahl der getöteten Israelis wird auf nahezu 1000 geschätzt. Die ersten beiden Tage verwandelten den Süden, wo die Hamas-Terroristen eindrangen, zum Schauplatz eines beispiellosen Massakers.

Einer der schlimmsten Orte lag direkt an der Grenze, in der Nähe von Re'im, wo sich Hunderte von jungen Menschen zu einem Musikfestival versammelten, ohne jeden

Schutz, ohne jede Warnung, wie im tiefsten Frieden. Mehr noch, die Polizei verlangte einen Ortswechsel: Die Hamas kannte den neuen Ort. Nachdem die jungen Leute die ganze Nacht getanzt hatten, schliefen sie ein paar Stunden und erwachten, oft aus einem drogengeschwängerten Schlummer, durch den Klang von Schüssen. Bislang wurden etwa 300 Leichen entdeckt. Die Straße, die dorthin führt, ist gesäumt von Hunderten verlassener Autos, ihren Autos.

In den ausländischen Kommentaren, die sich oft auf israelische Quellen stützen, ist eines der wiederkehrenden Themen das unbegreifliche Versagen des israelischen Geheimdiensts, der im Laufe der Jahre in den Himmel gelobt wurde. Es gibt viele andere Beispiele aus anderen Ländern aus den vergangenen Jahrzehnten, aber Israel ist zu klein und im Grunde zu schwach, um sich mit den Präzedenzfällen des deutschen Überfalls auf die Sowjetunion, Pearl Harbor oder dem uns näher liegenden 11. September zu trösten. Was ist mit uns passiert?

Offenbar haben die Hamas und die iranischen Planer gelernt, Operationen vorzubereiten, ohne die üblichen technischen Kommunikationsmittel zu verwenden, die Israel leicht abfangen könnte. Überdies tragen die zunehmende Ablenkung durch die Geschehnisse im Westjordanland und vor allem die wachsende Aufmerksamkeit, die den Siedlern und Siedlungen durch die messianische Ideologie der Netanjahu-Koalition und ihr Beharren auf einer Justizreform zuteilwurde, welche die demokratische Struktur des Landes bedrohte und zu einer inneren Spaltung führte, zweifellos einen Teil der Verantwortung.

Die Europäische Union hat die jährliche Finanzhilfe für

die Palästinenser gestoppt. Bislang schien es der Hamas nicht an Geld zu mangeln. Netanjahu ruft alle Parteien auf, sich an einer Regierung der nationalen Einheit zu beteiligen.

Die offizielle Zahl der massakrierten Israelis wird nun mit 900 angegeben. Es gibt etwa 2200 Schwerverletzte.

Nach neuesten Meldungen haben militante Hamas-Kämpfer erneut den angeblich unüberwindbaren Sicherheitszaun durchbrochen und sind irgendwo im Süden eingedrungen.

10. Oktober 2023

Es wird berichtet, dass die Hamas bei ihrem ersten Eindringen in den Süden Pick-ups benutzt hat. Diese Fahrzeuge wurden nicht nur verwendet, um die Terroristen zu transportieren, sondern blockierten auch Kreuzungen und verschiedene Zugangsstraßen und behinderten so die Entsendung von Hilfe usw. Was hat das zu bedeuten? Im gesamten Umfeld des Gazastreifens gab es keinen einzigen israelischen Panzer, keinen einzigen gepanzerten Wagen, keinen einzigen Bulldozer! Und wenn doch, gab es niemanden, weder oben noch unten in der Hierarchie, der die Geistesgegenwart hatte, deren Einsatz anzuordnen.

Die Details, die uns erreichen, sind entsetzlich: Die Terroristen schlugen Gefangenen die Köpfe ab, sie vergewaltigten weibliche Geiseln und töteten sie dann, sie rissen schwangeren Frauen die Föten aus dem Leib und brachten sie dann um. Das sind wilde Tiere, und es ist fast unmöglich, ein Mindestmaß an gesundem Menschenverstand zu bewahren und sich daran zu erinnern, dass die Hamas nicht die Palästinenser repräsentiert, sondern eine fanatische islamistische Fraktion des palästinensischen Volkes darstellt. Sie sind Marionetten des Iran; ihr Ziel ist es, Juden zu töten, Israel zu zerstören und Palästina zu befreien.

Das wird eine vernünftige politische Lösung sehr schwierig machen, da die meisten Israelis die Hamas und die Palästinenser gleichsetzen. Meiner Meinung nach ist die Schaffung eines palästinensischen Staates, der in Frieden neben Israel existieren wird, die einzige vernünftige langfristige Lösung; diese Ansicht vertrete ich seit vielen Jahren. Nach dem Angriff der Hamas werden die meisten Israelis nicht nur darauf verweisen, dass es sich bei der Hamas um Palästinenser handelt, sondern auch auf die Tatsache, dass die meisten Palästinenser sich in irgendeiner Form zufrieden über den «Erfolg» der Hamas geäußert haben, um so zu beweisen, dass sie alle nichts weiter wollen als unseren Tod und das Verschwinden Israels und damit die Unmöglichkeit einer friedlichen Koexistenz. Aus diesem Grund spreche ich von einem stufenweisen Prozess. Zweifellos werden sich die Palästinenser an die Vorteile der Koexistenz gewöhnen müssen und dürfen nicht täglich erleben, wie versucht wird, weitere jüdische Siedlungen auf dem ihnen zugewiesenen Land zu errichten, wie es unter unserer katastrophalen Koalitionsregierung der Fall war. Doch zurück zu den unmittelbaren Ereignissen.

In einer ungewöhnlich einfühlsamen zweiten Rede hat der US-Präsident heute sein Entsetzen über die Gräueltaten der Hamas und die volle amerikanische Unterstützung für Israel zum Ausdruck gebracht. Der Flugzeugträger Gerald Ford, der modernste der US-Marine, und seine Unterstützungsgruppe, die jetzt nahe der Küste des Landes unterwegs sind, haben 5000 Soldaten an Bord, die bereit sind, im Bedarfsfall einzugreifen.

Das erste US-Flugzeug mit hochentwickelter Munition ist in Israel gelandet.

Es scheint, dass wir uns auch an der Nordgrenze im Krieg befinden. Die Gesamtzahl der getöteten Israelis wird jetzt auf 1200 geschätzt.

11. Oktober 2023

Das Kriegskabinett wird gebildet. Gantz gehört ihm an, ein Platz ist für Lapid freigehalten worden. Ansonsten bleibt die Situation chaotisch und die Ungewissheit bezüglich des Nordens bestehen: Wird sich die Hisbollah der Hamas anschließen oder vorsichtshalber im Hintergrund bleiben? Offenbar sind einige Gleitsegler aus dem Libanon nach Galiläa eingedrungen; Flugzeuge suchen nach ihnen. Nach etwa zwei Stunden wurde bekannt gegeben, dass es sich um einen Irrtum handelt. Das Chaos in Israel erinnert mich an den Lattenzaun des Dichters Christian Morgenstern, «mit Zwischenraum, hindurchzuschaun».

Netanjahus Versagen wird immer eklatanter: Amerikanische Quellen bestätigen, dass der ägyptische Geheimdienstchef unseren Premierminister drei Tage vor dem Hamas-Angriff vor etwas Großem gewarnt hat, das aus dem Gazastreifen kommt; es gab keine Reaktion oder vielmehr völlige Gleichgültigkeit.

Lassen Sie mich auf das Problem zurückkommen, eine Zweistaatenlösung anzustreben. Eine der ersten Bedingungen werden der Ausschluss von Islamisten und Dschihadisten sowie die Neutralisierung des iranischen Einflusses sein müssen. Das wird eine der schwierigsten Aufgaben sein. Die andere wird darin bestehen, den Widerstand des auf Annexion zielenden Teils der israelischen Gesellschaft, der die gegenwärtige Koalition unterstützt, gegen jeden Kompromiss mit den Palästinensern zu überwinden, darunter eine halbe Million Siedler, die vielleicht die rabiateste Gruppe von allen sind. Der Widerstand gegen die Räumung des Gazastreifens im Jahr 2004 war nichts im Vergleich dazu, und einer wie Ariel Scharon ist weit und breit nicht in Sicht.

Heute Abend gab es einen kleinen Vorgeschmack auf das, was passieren könnte: Etwa hundert Mitglieder von «La Familia», einer rechtsextremen Gruppe, versuchten, in eine Abteilung des Sheba-Krankenhauses in Ramat Gan einzudringen, wo ein verwundeter Hamas-Terrorist behandelt wurde; sie wurden von der Polizei und dem Sicherheitspersonal des Krankenhauses aufgehalten. Das verwundete Hamas-Mitglied war bereits in ein Polizeikrankenhaus verlegt worden, aber es zeigt, was in großem Maßstab zu erwarten ist, wenn Schritte zur Neutralisierung unserer Siedler unternommen werden.

Morgen wird die Knesset über die heute gebildete Einheitsregierung abstimmen: Es besteht kein Zweifel an einem positiven Ergebnis. Lapid und Lieberman haben sich noch nicht angeschlossen. Der Hauptvorteil wird hoffentlich darin bestehen, dass Smotrich und Ben-Gvir an den Rand gedrängt werden.

Der Gazastreifen ist jetzt vollständig umzingelt, und die israelischen Truppen stehen an der Peripherie massiert bereit für eine Invasion. Netanjahu und Gantz sprachen in ihrer gemeinsamen Erklärung zur Bildung der Einheitsregierung davon, dass sie die Hamas vernichten wollten. Das bedeutet, in die Enklave einzudringen, was zwangsläufig zu vielen weiteren Opfern auf beiden Seiten führen wird, insbesondere zu vielen zivilen Opfern. Abgesehen von den damit verbundenen moralischen und rechtlichen Fragen könnte der Einmarsch in den Gazastreifen an sich schon ein Fehler sein; aber die Hamas loszuwerden, ohne einzumarschieren, ist vermutlich unmöglich. Und dann sind da noch die israelischen Geiseln in den Händen der Hamas. Was für ein schreckliches Durcheinander!

Offizielle Quellen sind immer noch nicht in der Lage, viele Familien über vermisste Mitglieder zu informieren – ein weiterer Skandal, um es gelinde auszudrücken. Inoffizielle Quellen sprechen von etwa 400 unauffindbaren Israelis.

Bis heute kann nicht mit Sicherheit gesagt werden, dass der Iran hinter diesem Angriff steckt oder dass er über das Datum des Beginns und die operativen Details Bescheid wusste. Aber abgesehen von einer solchen direkten Verwicklung steht fest, dass Teheran die Hamas seit Jahren finanziert, ihr alle benötigten Waffen zur Verfügung stellt und ihre ideologischen und strategischen Ziele, insbesondere die Zerstörung Israels und die gewaltsame Befreiung Palästinas, unterstützt. Wie man solche Fakten interpretieren will, ist also eine rein akademische Frage.

All die detaillierten Berichte darüber, was an diesem oder jenem Ort im Süden geschah, der von der Hamas überfallen wurde, sind nur ganz schwer zu ertragen, denn die wenigen Überlebenden erzählen jeweils eine ähnliche Geschichte vom Widerstand der Bewohner, die in ihren Häusern kämpften, bis sie alle getötet wurden, ohne dass die Armee ihnen half, bis die Häuser in Schutt und Asche gelegt wurden und der Ort von den Hamas-Kämpfern geräumt wurde, aber zuvor wurden noch die Kinder, die Frauen und die alten Menschen entweder abgeschlachtet oder als Geiseln nach Gaza verschleppt. Die israelische Armee war die ganze Zeit über nirgends zu sehen.

12. Oktober 2023

Vorläufig gibt es nichts Neues zu berichten. Eine Wartezeit, die dauern kann. Das *Time Magazine* veröffentlichte einen Artikel über Netanjahus Verantwortung für einen Teil der gegenwärtigen Tragödie des Landes. Wenn die Betonung auf «Teil» liegt, stimme ich zu. Natürlich liegt die Hauptverantwortung für die Geschehnisse bei der Hamas und Iran, das ist klar, aber die absolute Ablehnung der Palästinenser durch Netanjahu und seine Koalition bedeutet, noch mehr Öl in ein wohlbekanntes Feuer zu gießen. Die Hamas-Führer mögen darauf spekuliert haben, dass angesichts der Politik, die die israelische Gesellschaft spaltete und die pro-palästinensische Meinung weltweit stärkte, der richtige Zeitpunkt für ihren Angriff gekommen war; sie konnten nicht vorhersehen, dass die Gräueltaten ihrer «Kämpfer» einen Teil der öffentlichen Meinung wieder zugunsten Israels verschieben und vor allem die israelische Gesellschaft zur Verteidigung des Landes einen würden.

Nach israelischen und amerikanischen Schätzungen sind 162 Israelis als Geiseln genommen worden; die Hälfte von ihnen ist nicht mehr am Leben.

Smotrich wird seinen Kurs ändern oder gehen müssen. Fest steht, dass der Finanzminister seine Prioritäten drastisch revidieren und Milliarden in den Wiederaufbau der am 7. Oktober zerstörten Gemeinden im Süden und in die psychologische, medizinische und professionelle Hilfe für die Überlebenden dieses Traumas stecken muss. Woher sollen diese riesigen Summen kommen, wenn nicht aus den enormen Budgets, die in den letzten Monaten für die religiösen Parteien und die Siedlungen in den besetzten Gebieten bereitgestellt wurden? Das Ende der Koalitionsbonanza.

Nach palästinensischen Angaben haben Siedler einen Trauerzug im Westjordanland angegriffen und einen Vater und seinen Sohn getötet – der zweite Vorfall dieser Art seit Beginn des Krieges. Ansonsten herrscht im Gazastreifen, an der Nordgrenze, im Westjordanland und in Jerusalem gespannte Erwartung. Es gibt noch keine Anzeichen dafür, dass sich in Bezug auf die Geiseln und Gefangenen etwas tut.

13. Oktober 2023

Israel hat mehr als eine Million Palästinenser, die im nördlichen Teil der Enklave leben, aufgefordert, ihre Häuser innerhalb von 24 Stunden zu räumen, wahrscheinlich in Vorbereitung auf die Besetzung dieses Teils von Gaza durch die Armee. Man kann nur hoffen, dass die derzeitige Atmosphäre im Lande nicht zu mutwilligen Racheakten führt. Wie alles andere auch, scheint die Disziplin in der Armee ziemlich locker zu sein.

Ein Student von mir hat gerade eine herzzerreißende Nachricht veröffentlicht: Im Kibbuz Nir Oz wurden Mitglieder seiner Familie getötet und andere als Geiseln genommen. Zu Recht weist er einen Teil der Verantwortung dorthin, wo sie hingehört: auf die Schultern der Pro-Siedler-Koalition, die in den letzten Monaten das Sagen hatte. Was die Hamas betrifft, so bezweifelt niemand, dass sie Mörder sind, die zusätzlich zu ihrer eigenen mörderischen Ideologie die von den Siedlern und ihren Anhängern geschaffene vergiftete Atmosphäre ausnutzen. Ich fürchte, dass viele Menschen in Israel, selbst diejenigen, die an den Demonstrationen gegen die Regierung teilgenommen haben, die schädliche Rolle der Koalition vergessen und nach Rache an den Palästinensern rufen werden. Die Amerikaner – Biden, Austin, Blinken – sind sich der explosiven Stimmung bewusst und rufen zur Entschlossenheit auf, warnen aber vor Rache. Mögen sie erhört werden.

In den letzten zwei Tagen brachten israelische Zeitungen einige zutiefst pessimistische Artikel über die Zukunft unserer Beziehungen zu den Palästinensern (David Grossman in *Ha'aretz*, vor zwei Tagen) und über die Zukunft Israels, wie wir es kannten, über das Ethos, von dem wir träumten (Nahum Barnea, heute). Beide weisen unserer schrecklichen Regierung die gebührende Verantwortung zu. Grossman hat den richtigen Ausdruck verwendet: Verrat durch die Regierung an denen, für die sie verantwortlich war. Das Schlüsselwort ist «Verrat».

Nach Recherchen von CNN bereitete die Hamas den

Angriff monatelang vor, nur wenige hundert Meter von der Grenze zum Gazastreifen entfernt, und zwar anhand von Konstruktionen, die den israelischen Grenzzaun und die Gemeinden im Süden bis ins Detail simulierten. Wie diese Vorbereitungen der Aufmerksamkeit unseres großartigen Militärgeheimdiensts entgehen konnten, ist unverständlicher denn je. Der *New York Times* zufolge war der Iran offenbar in gewissem Maße an den Vorbereitungen beteiligt. Wie weit, ist nicht klar.

Reserveeinheiten von Fallschirmjägern beklagen bei ihrer Mobilisierung den Mangel an notwendigen Waffen. Eliteeinheiten fehlt es an Brustpanzern. Wieder und wieder. Jedes Mal kann man die Informationen nicht glauben, aber dann werden sie durch ähnliche Beispiele mangelnder Vorbereitung aus anderen Quellen verstärkt. Die verschiedenen Nachrichtendienste haben tief und fest geschlafen, das Versorgungssystem für die Armee befand sich in einem verlängerten Urlaub, die operative Abteilung der Armee fuhr nach Hause und alle höheren Ränge der Zahal waren wahrscheinlich auf Bali oder zumindest in den Alpen. Was den Generalstabschef betrifft ... und als Krönung des ganzen Systems sehen wir «König Bibi», wie ihn manche bis vor ein paar Tagen nannten, seine Krone polieren und in den Spiegel lächeln, natürlich mit Sara'le an seiner Seite. Er hat sich heute wieder zu Wort gemeldet, um genau das zu wiederholen, was er seit dem 7. Oktober jeden Tag sagt, nämlich dass «wir der Hamas die Knochen brechen werden». Nun, Sie sind kein Churchill, Sir.

In den Nachrichten heute Abend, eine Woche nach Beginn des Krieges, erzählt ein Bewohner von Nir Oz, dass seine Mutter und sein Sohn verschwunden sind, als die

Hamas den Kibbuz wieder verließ. Bis heute hat er von offizieller Seite keine Informationen erhalten, nicht einmal ein Wort der Unterstützung oder einen Besuch von irgendjemandem. Von der Tragödie zur Tragikomödie: Die Armee hatte an drei Stellen im Gazastreifen Überwachungsballons in die Luft steigen lassen. Ein paar Tage vor dem Angriff fielen die Ballons zu Boden. Da der Techniker, der sie hätte reparieren können, gerade anderweitig beschäftigt war, ließ man sie einfach liegen. Jetzt wurde klar, dass die Hamas sie in Vorbereitung auf den Angriff abgeschossen hatte ... In der israelischen Bevölkerung finden sich viele bewundernswerte Menschen, aber ihre politische Führung und ein Großteil ihrer Institutionen befinden sich seit vielen Monaten in einem Zustand der Zersetzung, sicherlich seit den letzten Wahlen im Dezember 2022, die die derzeitige Koalition an die Macht brachten. Viele von uns hoffen, dass die Abrechnung nach dem Krieg erbarmungslos sein wird.

Einer neuen Umfrage zufolge sind 86 Prozent der Israelis – und sogar 79 Prozent derjenigen, die die Koalition unterstützt haben – der Meinung, dass Netanjahu zurücktreten sollte.

14. Oktober 2023

Die gestrige Umfrage ist offensichtlich aus den Nachrichten verschwunden. Aber Netanjahu ist am Ende. Dennoch sind nach offiziellen Angaben Sprecher des Likud und Vertreter von Netanjahus Familie im offiziellen Informationszentrum in Kirjah in Tel Aviv tätig. Ein weiterer Skandal.

Es scheint, dass der Einmarsch der Armee in den nördlichen Gazastreifen nur noch eine Frage von Stunden ist. Sie forderte die Bewohner im nördlichen Teil der Enklave auf, das Gebiet bis 16 Uhr Ortszeit zu verlassen; zwei der wichtigsten örtlichen Krankenhäuser weigerten sich: Sie können nirgendwohin. Derweil halten sich die Hisbollah und der Iran zurück, die zahlreichen Zwischenfälle entlang der nördlichen Grenze und die aus dem Libanon abgefeuerten Raketen stammen fast ausschließlich von dort ansässigen Einheiten der Hamas und des Islamischen Dschihad, natürlich mit Erlaubnis der Hisbollah.

Die amerikanische Unterstützung Israels, die durch die Flugzeugträgergruppe vor der Küste des Landes überdeutlich zum Ausdruck kommt, ist wahrscheinlich die wichtigste Abschreckung, die die Hisbollah zögern lässt, da Israel seit dem katastrophalen Erfolg des Hamas-Angriffs viel von seiner eigenen Abschreckungskraft eingebüßt hat. Dieser enorme psychologische Verlust wird für Israel noch lange Zeit ein großes Problem darstellen. Nach 1967 umwehte das Land eine Aura der Unbesiegbarkeit, die zu seiner Verteidigung und auch zu seinen Illusionen beitrug. Mit dem Jom-Kippur-Krieg und mehr noch nach dem zweiten Libanonkrieg geriet sie ins Wanken. Am 7. Oktober brach sie zusammen.

Aus den gestrigen Berichten, die sich auf Dokumente stützen, die bei getöteten Hamas-Terroristen gefunden wurden, geht hervor, dass die Entführung von Zivilisten, einschließlich Kindern, Teil ihres Plans war, da sie mit detaillierten Karten der Kibbuzim in Grenznähe vorgingen. Nicht nur für das Gemetzel, das stattgefunden hat, sondern auch für Plünderungen und Morde sind die Hamas und der Pöbel, der nach dem ersten Vordringen nach Israel ins Land kam, verantwortlich. Die Beweggründe mögen unterschiedlich gewesen sein, aber der Slogan war derselbe: «Schlachtet die Juden ab». Die offizielle Zahl der am 7. Oktober getöteten Israelis wird inzwischen mit 1400 angegeben, die Zahl der Geiseln mit 220.

Seit Beginn des Konflikts spielt die BBC ihre übliche pro-palästinensische Rolle. Für die britische Rundfunk- und Fernsehanstalt sind die Hamas-Leute, die in Israel eingedrungen sind und Zivilisten getötet oder entführt haben, wo immer sie konnten, keine «Terroristen», sondern «Kämpfer». Das scheint mit einem schon häufig konstatierten Antisemitismus zu tun zu haben, der dem britischen Nachrichtenzentrum zugeschrieben wird. In vielen Ländern werden zweifellos wieder stärkere antijüdische Gefühle aufkommen, einhergehend mit einer viel schwächer werdenden Unterstützung Israels, da mit zunehmender Dauer des Krieges auch die zivilen palästinensischen Opfer und das Leid in Gaza und möglicherweise auch anderswo mehr werden.

Die humanitäre Lage im Gaza-Streifen ist entsetzlich. Die Zahl der Toten wird am 14. morgens auf über 2200 geschätzt, und die Krankenhäuser können die vielen Toten und Verwundeten nicht bewältigen. Wie ich bereits erwähnt habe, haben sich zwei der wichtigsten Krankenhäuser im Norden der Enklave geweigert, zu evakuieren, da sie nirgendwohin können; das stellt ein großes Problem für den geplanten israelischen Einmarsch dar und erfordert Vorsichtsmaßnahmen, die die militärischen Operationen behindern könnten.

15. Oktober 2023

Die Armee ist acht Tage nach Beginn des Krieges noch nicht in den Gazastreifen eingedrungen. Dafür muss es einen strategischen Grund geben, der irgendwie mit dem Iran zusammenhängt. Warten Israel und die USA auf eine iranische Intervention, um Teheran angreifen zu können? Ist der Einmarsch in den Gazastreifen nur ein Nebenschauplatz, der später, nach dem K.-o.-Schlag gegen den Iran, folgen wird? All dies ist plausibel und könnte erklären, warum die USA einen zweiten Flugzeugträger, die Eisenhower, und dessen Kampfgruppe ins östliche Mittelmeer verlegen.

Wie chaotisch die Situation auf israelischer Seite am Vorabend des Hamas-Angriffs war, wird durch neue Informationen weiter verdeutlicht: Am 6. Oktober traf der Leiter des Schin Beth, des Inlandsgeheimdienstes, nachdem er die Nachricht von einem bevorstehenden Angriff erhalten hatte, im Süden ein, ebenso wie eine Eliteeinheit des Dienstes; der Befehlshaber der Armeedivision in der Region wurde offenbar informiert (auch wenn er dies bestreitet), doch der Befehlshaber der Luftwaffe wurde im Unklaren gelassen. Mit anderen Worten: Die rechte Hand wusste nicht, was die linke Hand tat. Und nicht zu vergessen: Netanjahus Lieblingsvorstellung war, dass die Hamas nicht an einem Konflikt interessiert sei, sondern lediglich eine Verbesserung der materiellen Bedingungen in der Enklave anstrebe. Wenn dies die gut informierte Meinung an der Spitze war, warum sollten dann die zivilen und militärischen Dienste beunruhigt sein? Die ursprüngliche

Jom-Kippur-Katastrophe am 6. Oktober 1973 war auf ein massives Versagen der verschiedenen Nachrichtendienste zurückzuführen; die Katastrophe am 7. Oktober 2023 scheint einem ähnlichen Versagen geschuldet zu sein.

Möglicherweise noch schlimmer: Kleine Kinder im Alter von 6 und 8 Jahren aus dem Kibbuz Beeri versteckten sich in einem Schrank, nachdem ihre Eltern getötet worden waren, und riefen Verwandte im Zentrum des Landes an, um um Hilfe zu bitten. Diese Verwandten brauchten zwölf Stunden, um Hilfe zu organisieren: Freunde, Zivilisten mit Handfeuerwaffen und Karten des Kibbuz, die sich freiwillig meldeten, zum Kibbuz fuhren und die Kinder befreiten. Zivilisten! Kein einziger Soldat weit und breit! Die Armee war nirgends zu sehen!

General David Petraeus, der pensionierte Befehlshaber der amerikanischen Truppen im Irak und in Afghanistan, erklärte soeben, dass Israels Herausforderung im Gazastreifen viel größer sei als die, der sich die USA nach dem 11. September 2001 stellen mussten. Er warnte, dass die Truppen, die in die dicht besiedelte Enklave eindringen, mit einem Gebiet konfrontiert seien, in dem jeder Raum mit Sprengstoff gefüllt sein könnte, in dem endlose Tunnel gegraben wurden, in denen sich Hamas-Leute aufhalten könnten, usw. Wenn die Soldaten energische Verteidigungsmaßnahmen ergreifen, werden sie wegen Kriegsverbrechen angeklagt, und wenn sie zu passiv sind, werden sie getötet ...

In Europa scheint der Hass auf Israel – und in vielen Fällen auch der Hass auf die Juden – eine anschwellende Flut zu sein, insbesondere in England, wo eine Million Muslime den Tsunami befördern. Was für ein trauriger

Anblick! Aus den Berichten geht nicht hervor, wie viele Nicht-Muslime sich den israelfeindlichen und antisemitischen Rufen dort oder in anderen westeuropäischen Ländern angeschlossen haben. In Frankreich wurden propalästinensische Kundgebungen verboten, in Deutschland scheinen sie bisher unter Kontrolle zu sein. Der Fall Harvard hat es in die Nachrichten geschafft, aber der Hass hat sich überall ausgebreitet, vor allem auf den Campus des riesigen Systems von Kalifornien. Meine Universität, die UCLA, wird schon seit einiger Zeit von anti-israelischen und antisemitischen Demonstrationen heimgesucht. Seit meiner Pensionierung im Jahr 2014 habe ich keinen Fuß mehr auf den Campus gesetzt und musste mich mit alldem nicht mehr auseinandersetzen. Jetzt ist es ziemlich virulent geworden, wie ich höre.

Andererseits kann einen das, was man zu Hause über Netanjahu und seine Leute hört, nur wütend machen. So kam aus seinem Büro die Anweisung, der Organisation, die sich um die Überlebenden der südlichen Kibbuzim kümmert, keine Unterstützung zu gewähren, weil sie aktiv an den Protesten teilgenommen hat. Es scheint, dass die Order von Sara'le stammt, der berüchtigten Frau des Premierministers.

Andererseits übernahm Smotrich in einer öffentlichen Erklärung die Verantwortung für das, «was war», und räumte ein, dass «die Führung des Landes versagt hat, die Bevölkerung des Landes zu schützen», denn er ist nicht nur Finanzminister, sondern auch Minister im Verteidigungsministerium, zuständig für zivile Angelegenheiten, d. h. für die Siedler und die Siedlungen. Nicht entschuldigt hat er sich dafür, die Siedlungsaktivitäten mit allen Mitteln zu beschleunigen. Doch damit nicht genug: Während der Bildungsminister die für die religiösen Schulen bereitgestellten Gelder zur Unterstützung der Schüler aus dem Süden verwenden will, ist Smotrich dagegen. Worte der Entschuldigung sind schnell zur Hand, aber eine Änderung der Politik ist bei den fanatischsten Mitgliedern der Koalition nicht zu erkennen. Ben-Gvir, der böse Clown, schweigt seit dem Überfall völlig.

Unterdessen bereist der iranische Außenminister einige muslimische Länder der Region und droht Israel in jeder Hauptstadt mit noch schlimmeren Konsequenzen, wenn es seinen «Völkermord an den Palästinensern» in Gaza nicht beende. Irans oberster Führer Ali Khamenei küsste den Hamas-Führern die Hände für die Niederlage, die sie Israel zugefügt haben. Abgesehen von seiner unklaren Beteiligung an den Vorbereitungen des Angriffs scheint der Iran derzeit großzügig mit Worten zu sein, wahrscheinlich wegen der eindeutigen amerikanischen Unterstützung für Israel. Es könnte sein, dass die Verschärfung der Kämpfe zwischen Israel und der Hisbollah an der libanesischen Grenze das Land zum Eingreifen zwingen wird.

Omri ist einer der Männer, die als Geiseln nach Gaza verschleppt wurden. Jeden Abend ruft Roni, seine kleine Tochter, «Gute Nacht, Papa». Emilys Vater sagt, er habe Erleichterung verspürt, als er erfuhr, dass seine Tochter tot war. «Ich hatte Angst, dass sie als Geisel genommen wurde.» Die Leidensgeschichten nehmen kein Ende.

16. Oktober 2023

Heute trat die Knesset erstmals zu ihrer Winter-Sitzungsperiode zusammen. Keiner der Hauptredner (Herzog, Netanjahu, Lapid) hat etwas gesagt, was über die üblichen Allgemeinplätze hinausgegangen wäre. Die Sitzung wurde durch einen Alarm unterbrochen, aber kurz darauf wieder fortgesetzt. Bemerkenswert ist, dass weder Netanjahu noch Verteidigungsminister Galant auch nur ein Wort über ihre Verantwortung für die Katastrophe verloren haben. Hoffen sie wirklich, einem sofortigen Urteil und vor allem dem der Geschichte zu entgehen? Blinken wird den Premierminister heute ein zweites Mal treffen. US-Präsident Biden wird wahrscheinlich im Laufe der kommenden Woche in Israel eintreffen.

Das UNRWA, das Hilfswerk der Vereinten Nationen für die Palästinenser im Gazastreifen, wirft der Hamas vor, humanitäre Hilfe gestohlen zu haben. Die Evakuierung aus dem Norden der Enklave geht unter schrecklichen Bedingungen weiter: Israel hat offenbar zugesagt, einen humanitären Korridor zu öffnen. Im Norden des Landes scheint eine Art Zermürbungskrieg zwischen der Hisbollah und Israel begonnen zu haben. Es hat den Anschein, dass keine der beiden Seiten über diesen Punkt hinausgehen will. Das macht die Grenzen einer offenen iranischen Einmischung in dieser Phase deutlich.

US-Präsident Joe Biden wird am 18. Oktober in Israel eintreffen. Etwa 2000 amerikanische Soldaten werden in beratender Funktion in das Land entsandt werden. Was das bedeutet, weiß niemand. Alles in allem ist vieles an den Ereignissen noch geheim und wird erst klar werden, wenn der Krieg vorbei ist, wie bei den meisten Kriegen.

General a. D. Petraeus warnte Israel vor der Besetzung des Gazastreifens und den Gefahren, die mit einem Verbleib in der Enklave nach einem anfänglichen Sieg verbunden sind. Ein Verbleib würde schnell untragbare Verluste und Kosten verursachen; ein Abzug würde es der Hamas ermöglichen, sich neu zu formieren. Überhaupt nicht einzumarschieren, muss ich hinzufügen, wäre gegenüber der israelischen Bevölkerung schwer zu rechtfertigen, die zumindest ein Zeichen eines Sieges und einer Schwächung der Hamas sehen möchte. Ein außergewöhnliches Dilemma.

17. Oktober 2023

Schusswechsel im Norden. Man hat den Eindruck, dass die Hisbollah ihre Truppen darauf vorbereitet, in den Krieg einzutreten, wenn Teheran dies beschließt, und nur, wenn Teheran dies beschließt. Für die Iraner könnten die Risiken zu groß sein.

Bidens morgiger Besuch in Israel ist nicht nur ein Zeichen der Solidarität – was er zweifellos auch ist –, sondern verfolgt darüber hinaus mehrere strategische und innenpolitische Ziele: eine Besetzung des Gazastreifens zu vermeiden, die sowohl für Israel als auch für die USA zu einer kaum zu bewältigenden militärischen Verwicklung führen könnte; so viele israelische Geiseln wie möglich aus den Fängen der Hamas zu befreien, wenn die Enklave nicht besetzt wird; den Iran von einer Intervention abzuschrecken; auf eine Zweistaatenlösung des israelisch-palästinensischen Konflikts zu drängen; den progressiven Mitgliedern der Demokratischen Partei Bidens humanitäre Seite zu zeigen, mit Blick auf die Wahlen im nächsten Jahr; und durch die Vermeidung einer Besetzung der Enklave die westliche Meinung so lange wie möglich auf der Seite Israels und der USA zu halten. Ein ziemlich volles Programm. Morgen werden wir mehr wissen.

Der Chef des Militärgeheimdiensts hat heute die volle persönliche Verantwortung für das Fehlen wichtiger Informationen vor dem Angriff der Hamas übernommen. Jetzt aber, so erklärte er wie alle anderen, müssen wir kämpfen und gewinnen. Von Netanjahu und Galant, den beiden Hauptschuldigen, ist kein Wort über die Verantwortung zu hören. Wann werden wir die beiden endlich los?

Bei der Suche nach dem Auslöser der ganzen Explosion hat man vielleicht einen völlig anderen Prozess übersehen: Die Normalisierung der Beziehungen zwischen Israel und Saudi-Arabien könnte den Iran dazu animiert haben, die Eskalation in Gang zu setzen, um das zu zerstören, was Teheran als Bedrohung seiner Rolle in der muslimischen Welt ansieht. Mit Sicherheit ist es jedenfalls gelungen, alle Bemühungen um eine Normalisierung auf Eis zu legen. Niemand scheint eine Vorstellung davon zu haben, was in Bezug auf die Dynamik im Nahen Osten auf kurze oder lange Sicht zu erwarten ist. Das erinnert mich an einen Satz aus den Kriegserinnerungen von Charles de Gaulle: «Vers l'Orient compliqué, je volais avec des idées simples.» (In den komplizierten Orient reiste ich mit einfachen Ideen). Heute ist der Orient bei weitem komplizierter als 1941.

Der deutsche Kanzler Olaf Scholz kam nach Israel, um die Solidarität seines Landes zu bekunden. Das Gleiche gilt für den rumänischen Premierminister und die Präsidentin der EU-Kommission, Ursula von der Leyen. Der britische Premierminister Rishi Sunak wird in den kommenden Tagen erwartet. Jeder Besuch ist willkommen, aber die Stimmung im Land ist außer Kontrolle: Niemand wagt es, den Rachedurst, der sich überall ausgebreitet hat, zu zügeln; er könnte die Führung zu politischen und sogar militärischen Fehltritten verführen. In Israel selbst wagt es keine gemäßigte Stimme, sich zu dem Konflikt zu äußern. Heute drohte Ayala Hasson, eine prominente rechte Fernsehmoderatorin, *Ha'aretz*, der einzigen liberalen Tageszeitung, die wir haben, mit Vergeltung für ihre traditionelle Anti-Netanjahu-Haltung. Das Israel, das aus diesem Krieg hervorgehen wird, wird nicht das Land sein, das wir kennen und das seinen jüngsten Ausdruck in den großen Demonstrationen gegen die Politik von Netanjahus Koalition gefunden hat. In den Tagebucheinträgen vor dem Krieg habe ich die Hoffnung geäußert, dass unsere gemäßigten Politiker der Mitte letztlich die Führung von morgen sein würden. Doch trotz der weit verbreiteten Wut, die durch die katastrophale Unvorbereitetheit des Landes hervorgerufen wurde, könnte der Krieg ein Segen für die Ultranationalisten sein. Jair Lapid bleibt standhaft, aber wie lange wird er Unterstützung bekommen?

Nach jüngsten Schätzungen hält die Hamas 199 israelische Geiseln gefangen. Allein das macht, abgesehen von allen anderen Überlegungen, eine Invasion des Gazastreifens fast unmöglich: Die Geiseln sind das Schutzschild der Hamas. Für die meisten Israelis ist dies ein furchtbares Dilemma.

Die Hamas gab bekannt, dass bei einem israelischen Bombentreffer in einem Krankenhaus 500 Patienten getötet worden seien. Israel behauptet, die Zerstörung sei auf eine fehlgeleitete Rakete des Islamischen Dschihad zurückzuführen. Alle arabischen Führer, die mit Präsident Biden zusammentreffen sollten, haben ihre Teilnahme wegen dieses Vorfalls abgesagt. Somit wird der Besuch des Präsidenten allein in Israel stattfinden. Keine einfache Wendung.

18. Oktober 2023

Biden hat einen halben Tag in Israel verbracht und damit ein mutiges Zeichen der Solidarität gesetzt. Er stützte sich auf Informationen aus dem Pentagon, um sehr vorsichtig davon zu sprechen, dass die Verantwortung für die Explosion im Krankenhaus nicht bei Israel, sondern «bei der anderen Seite» liege. Er traf sich mit Angehörigen der Geiseln und versprach, sich für deren Freilassung einzusetzen. Alles in allem zeigte er in seinen Reden eine außergewöhnliche Warmherzigkeit: «Anders als bei dem, was im Holocaust passiert ist, seid ihr dieses Mal nicht allein», erklärte er. Er versprach «beispiellose Hilfe» für Israel und 100 Millionen Dollar für Gaza. Wahrscheinlich überredete er das israelische Kriegskabinett dazu, humanitäre Hilfe für Gaza zuzulassen, und sprach sich möglicherweise gegen eine Besetzung der Enklave aus. «Denken Sie an das, was nach dem Sieg passiert», soll er gesagt haben. Seine letzte Rede endete mit den Worten «Am Israel chai» («Das Volk Israel lebt», ein traditionelles jüdisches Sprichwort und Lied).

Im Westen sprechen die großen Nachrichtensender vorsichtig von einer «Explosion» am Al-Ahli-Krankenhaus, aber die Bilder von verwundeten und toten Palästinensern erzählen eine eigene Geschichte, die automatisch in propalästinensische Propaganda umschlägt. Die Zahl der antisemitischen Vorfälle scheint stark zuzunehmen.

Feuergefechte an der Nordgrenze und Raketen auf Kirjat Schmona, aber vorerst nichts weiter. Es scheint, dass sowohl die Hisbollah als auch Israel vorsichtig agieren, da für beide Seiten der Preis eines Fehltritts hoch sein könnte.

Israel hat im zweiten Libanonkrieg 2006 die Erfahrung gemacht, dass die Hisbollah-Leute äußerst zähe Kämpfer sind, und weiß, dass die Organisation in der Zwischenzeit ein riesiges Arsenal an Langstrecken- und Präzisionsraketen angehäuft hat, das von ihrem Schirmherrn Iran zur Verfügung gestellt wird. Die Kämpfer selbst haben in den Bürgerkriegen in Syrien und im Jemen erhebliche Kampferfahrung gesammelt. Die Hisbollah wiederum weiß, dass allein die israelische Luftwaffe im Südlibanon Zerstörungen anrichten kann, für die sie verantwortlich gemacht werden wird. Und sie weiß sehr wohl, welche Mittel die IDF (die israelischen Verteidigungsstreitkräfte) am Boden einsetzen können. Kurzum, beide Seiten haben gute Gründe, so lange wie möglich sehr vorsichtig zu sein. Sollte es zu einem Zweifrontenkrieg kommen, könnte Israel ihn auch ohne amerikanische Militärunterstützung gewinnen, aber es würde wahrscheinlich sehr lange dauern, enorme Zerstörungen mit sich bringen und sehr schmerzhafte Verluste an Menschenleben fordern.

Es ist schwer zu sagen, ob die Israelis nach dem 7. Oktober das Vertrauen in die Armee verloren haben, das sie selbst in schwierigen Zeiten hatten. Nach dem Jom-Kippur-Krieg war es notwendig, einige hochrangige Kommandeure zur Verantwortung zu ziehen. Ein Untersuchungsausschuss, die Agranat-Kommission, beschloss die Entlassung des Generalstabschefs David Elazar, des Leiters des militärischen Nachrichtendienstes Eli Zeira und des obersten Befehlshabers des Südkommandos, Schmuel Gonen, um nur einige zu nennen. Er schützte damit die politischen Persönlichkeiten, die angeblich auf der Grundlage falscher Informationen falsche Entscheidungen getroffen hatten: vor allem Golda Meir und Mosche Dajan. Man hat das Gefühl, und das wird zu gegebener Zeit deutlich werden, dass die gegenwärtige Vertrauenskrise viel schlimmer ist. Das gilt es bei jeder Planung für längere Kämpfe zu berücksichtigen. Aber das wissen Hamas und Hisbollah natürlich, denn sie kennen die innenpolitischen Gräben in der israelischen Gesellschaft.

Im Süden hat Ägypten die Öffnung des Grenzübergangs Rafah zum Gazastreifen, über den die humanitäre Hilfe kommen wird, noch nicht erlaubt, da es laut einem Interview mit der BBC möchte, dass nur Palästinenser mit doppelter Staatsbürgerschaft den Übergang in Richtung Ägypten benutzen dürfen. Mit anderen Worten: Die Ägypter befürchten einen massiven palästinensischen Exodus über den Rafah-Übergang in ihr Land. «Sie sollten sich im Negev niederlassen», soll Ägyptens Präsident Abdel Fattah al-Sisi gesagt haben.

In der Zwischenzeit hat der Brief von etwa dreißig Studierendenorganisationen der Harvard University, die Israel für «allein verantwortlich» erklärten, als die Nachricht von den Gräueltaten der Hamas bekannt wurde, eine Kette von Gegenreaktionen ausgelöst – das verschärft die Konflikte, die an zahlreichen Universitäten bereits seit längerem im Gange sind. Einige vergleichen die Reaktionen jüdischer Spender, die ihre finanzielle Unterstützung für Harvard zurückzogen, und vor allem die Veröffentlichung persönlicher Daten der betroffenen Studierenden mit der Anti-Kommunismus-Kampagne von Senator Joe McCarthy in den 1950er Jahren; andere verweisen auf den impliziten oder expliziten Antisemitismus in der Haltung der Hamas-Befürworter und spielen auch auf die Angst einiger Leiter großer Universitäten an, gegen Hamas-freundliche, vor allem linke Organisationen Stellung zu beziehen.

19. Oktober 2023

Heute Morgen – in Israel ist es bereits Nachmittag und der zwölfte Tag nach dem Hamas-Angriff – gibt es noch nichts über militärische Operationen zu berichten, was auf einen geschickt getarnten nächsten Schritt oder eine grundsätzliche Unentschlossenheit hindeuten könnte. Diese Situation kann nicht lange andauern, da sie sich negativ auf die Moral und die Motivation von mehreren Hunderttausend Reservisten auswirkt, die für eine Operation im Gazastreifen einberufen wurden, außerdem ist sie wirtschaftlich auf Dauer nicht tragbar, und schließlich wird sich die öffentliche Meinung in der Welt zunehmend gegen Israel wenden, wenn die Bombardierungen des nördlichen Gazastreifens ohne Aussicht auf eine Lösung weitergehen. Wenn Israel nichts unternimmt, werden die Hamas und ihre Verbündeten den Sieg für sich beanspruchen. Und was geschieht dann mit den Geiseln und den Gefangenen? Müssen sie gegen die mehreren tausend Palästinenser, die in israelischen Gefängnissen festgehalten werden, ausgetauscht werden?

Israel hat angeblich zugestimmt, morgen humanitäre Hilfe nach Gaza zu lassen. Das Europäische Parlament hat sich mit einer Mehrheit von über 90 Prozent für das Recht des Landes ausgesprochen, sich gegen die Hamas zu verteidigen. Der britische Premierminister Rishi Sunak ist eingetroffen. Er hat zwar keine konkrete Hilfe im Gepäck, aber er teilt vielleicht mit Netanjahu die Sorge, dass das Vereinigte Königreich mit einem massiven Zustrom von Flüchtlingen aus dem Gazastreifen konfrontiert sein könnte; zudem droht ein weiterer Anstieg des Ölpreises, falls der Iran beschließt, seine relative Zurückhaltung aufzugeben. Aber diese Besuche sowie das Votum des EU-Parlaments sind willkommen, da sie den Israelis psychologische Unterstützung geben können.

Heute Abend soll Präsident Biden in einer Rede an die Nation über konkrete finanzielle und militärische Hilfen der USA für Israel und die Ukraine sprechen. Das Hilfspaket soll sich auf bis zu 100 Milliarden Dollar belaufen. Unterdessen ist ein US-Flugzeug mit gepanzerten Jeeps auf dem Flughafen Ben Gurion gelandet, «um die zerstörten Fahrzeuge zu ersetzen», wie es in einer offiziellen Erklärung heißt. In Online-Kommentaren stellte jemand die treffende Frage: Wie kommt es, dass in zehn Tagen Kampf gegen eine irreguläre Truppe die gepanzerten Jeeps der Armee alle zerstört wurden? Die implizite Antwort: Es fehlten nicht nur andere Ausrüstungsgegenstände, es waren auch keine Jeeps einsatzbereit ...

Der böse Clown Ben-Gvir bereitet sich auf eine künftige Untersuchungskommission vor, wie er in einer Rede erklärte, in der er die Zivilbevölkerung zum Erwerb von Waffen aufforderte, da überall dort, wo es im unmittelbaren Umfeld des Gazastreifens bewaffnete Gruppen von Zivilisten gegeben habe, die Verluste geringer gewesen seien. Das ist reine Propaganda, bekunden Überlebende aus diesem Gebiet; keine Kleinwaffe konnte etwas ausrichten, selbst ein Panzer im Hof vermochte nichts gegen Hunderte von Hamas-Angreifern. Ben-Gvir, das verachtenswerteste Mitglied einer verachtenswerten Koalition, lässt keine Gelegenheit aus, etwas zu sagen, mag es auch noch so dumm und falsch sein, nur um in den Nachrichten zu bleiben. Er ist damit nicht allein: So erklärte Kommunikationsminister Shlomo Karhi heute, dass Israel das Gebiet des Gazastreifens nach dem Krieg «verkleinern» werde. Hat er damit möglicherweise die Absicht der Siedler gemeint, auf einem Teil des Gaza-Gebiets wieder jüdische Gemeinden zu errichten? Nichts, was von Mitgliedern unserer Koalition kommt, erstaunt mehr.

Heute hat Galant eine Art halbgare Entschuldigung für die Geschehnisse ausgesprochen. Völlig unzureichend. Als Verteidigungsminister wird er den vollen Preis dafür zahlen müssen. Derweil forderte er die Soldaten auf, sie sollten «sich darauf vorbereiten, Gaza von innen zu sehen».

In seiner Rede an die Nation verglich Präsident Biden

die Hamas und Putin in ihrem Versuch, zwei Demokratien zu zerstören. Er machte deutlich, dass das Völkerrecht und die humanitären Regeln eingehalten werden müssten, und bezog sich damit klar auf künftige israelische Operationen in Gaza. Morgen will er den Kongress um ein Paket von 14 Milliarden Dollar Militärhilfe für Israel bitten. Insgesamt wird der Präsident den Kongress um dringende Hilfe in Höhe von 105 Milliarden Dollar bitten. Ein amerikanischer Zerstörer, die USS Carney, schoss im nördlichen Roten Meer 19 auf Israel gerichtete Langstreckenraketen der Huthi-Miliz ab.

20. Oktober 2023

Die Raketen, die vom Jemen aus auf Israel abgefeuert wurden, kamen, kurz nachdem der Iran gedroht hatte, neue Fronten gegen «das zionistische Gebilde» zu eröffnen; dass ein amerikanischer Zerstörer sie abfing, zeigt, dass die USA bereit sind, einzugreifen. Wahrscheinlich wollte der Iran testen, ob die Amerikaner zu ihrem Wort stehen; die Amerikaner haben ein klares Signal gesendet: Sie werden es tun. Jetzt kommt der schwierige Teil: Will man sich wirklich einmischen oder nicht. Im Moment scheint die Antwort zu lauten: Wir bleiben am Rande, aber der wirkliche Test wird mit dem bevorstehenden Einmarsch der israelischen Bodentruppen in Gaza kommen. Das wird der Wendepunkt des Krieges sein.

Damit Israel bereit ist, den nächsten Schritt zu tun, braucht es eine starke Führung. Die hat es aber in keinster Weise. Die Regierung ist ein chaotischer Haufen, und ihr

Chef ist ein toter Mann. So könnte der bevorstehende Einmarsch in den Gazastreifen zu einer Tragödie werden, sowohl für die Soldaten als auch für die Palästinenser. Eine neue Umfrage hat bestätigt, was eine frühere bereits deutlich gemacht hatte: Mehr als 80 Prozent der Israelis halten Netanjahu und seine Koalition für mitverantwortlich für den Angriff der Hamas und wollen ihn loswerden. Leider ist das im Augenblick nicht möglich. Kurz gesagt: Israel steht vor der schlimmsten Krise seiner Geschichte, und das unter den denkbar schlechtesten internen Bedingungen.

Gal Hirsch ist der israelische Beamte, der mit der Geiselfrage betraut ist. Der ehemalige Brigadegeneral wurde zwar dazu gedrängt, die Streitkräfte zu verlassen, aber dennoch in eine wichtige zivile Position berufen. Heute lud Hirsch ausländische Diplomaten in sein Büro ein und ließ sie wissen, dass die «Oslo-Abkommen» für die derzeitige Situation verantwortlich seien. Keiner dieser Diplomaten hatte etwas mit den in den 1990er Jahren unterzeichneten Abkommen zu tun. Einige von ihnen waren zu dieser Zeit noch nicht einmal geboren. Sie verließen die Sitzung fassungslos. Hirschs Auftritt steht sinnbildlich für das, was vor sich geht.

Es ist äußerst schwierig, sich derzeit ein klares Bild von der öffentlichen Meinung in Israel zu machen. Die Umfragen geben einige Hinweise, ebenso wie mehrere Quellen, aber die Gesamteinschätzung deutet auf eine Reihe widersprüchlicher Trends hin. Der Angriff vom 7. Oktober hat zweifellos für ein allgemeines Gefühl der Schicksalsgemeinschaft gesorgt, das es im Land schon lange nicht mehr gab. Gleichzeitig könnte er aber auch zu einem Mangel an

Vertrauen in die Armee geführt haben. Die Umfragen lassen darauf schließen, dass die Wut gegen die Regierung und im weiteren Sinne gegen alle Personen in Führungspositionen (einschließlich der Militärführung), die eine so fürchterliche Inkompetenz, mangelnde Vorbereitung und falsche Einschätzung der möglichen Folgen an den Tag gelegt haben, nach wie vor groß ist. Wenn dies zutrifft, stellt sich die naheliegende Frage: Kann das Gefühl der Schicksalsgemeinschaft die Bereitschaft zum Kampf und zur Inkaufnahme unvermeidlicher schwerer Opfer aufrechterhalten, obwohl ein tiefes Misstrauen und eine schwelende Wut gegen die Führung des Landes bestehen? Im Oktober 1973 hätte man sich die gleiche Frage stellen können, aber der Krieg war zu kurz und die Niederlage wurde schnell genug zum Sieg, um das Land nicht auf die Probe zu stellen. Diesmal spricht man von langwierigen Kämpfen, die sich über Wochen und möglicherweise über Monate hinziehen könnten. Darüber hinaus berichten viele Kommentatoren, dass Netanjahu seit dem 7. Oktober «nicht mehr er selbst» sei, und einige haben auf den Schnappschuss seiner Umarmung mit Biden hingewiesen, auf dem er sich in die Arme des amerikanischen Präsidenten zu lehnen scheint. Natürlich stellt der bloße Beschuss des Gazastreifens das Land nicht auf die Probe, aber die mit Spannung erwarteten Bodenoperationen werden zwangsläufig die Parameter verändern, und alles, was darüber hinausgeht, steckt voller Ungewissheit.

Die gleiche Ungewissheit umgibt auch die israelische Haltung gegenüber den Palästinensern im Allgemeinen und denen in Gaza im Besonderen. Die Haltung der israelischen Araber wird nicht als relevant erachtet. (Laut einer Umfrage des Truman-Instituts der Hebräischen Universität verurteilen fast 80 Prozent der israelischen Araber die Aktionen der Hamas.) Einerseits werden die fanatischen Siedlungsbefürworter, ganz gleich, ob sie die Palästinenser und die gewöhnlichen Israelis nun hassen oder nicht, erzürnt ob der Gräueltaten vom 7. Oktober eine «Schrumpfung» der Enklave fordern, wie Minister Kahri es ausdrückte, oder schlicht nichts dagegen haben und möglicherweise ihre Wut an der Bevölkerung auslassen. Andererseits gibt es inzwischen viele Israelis, die verstehen, dass die Vorkriegspolitik der Siedler und ihrer Unterstützer (man denke nur an Hawara) den palästinensischen Extremismus angeheizt hat, dass aber die meisten Palästinenser in Frieden mit Israel leben und lediglich ihr Alltagsleben sichern und ihre Würde wiedererlangen wollen, wie die Umfrage des Truman-Instituts zu belegen scheint. Diese widersprüchlichen Tendenzen werden im Bodenkrieg ihren konträren Ausdruck finden. Was erlaubt und was verboten ist, wird von den Entscheidungen einer Führung abhängen, mit der in den Augen vieler Schluss sein muss.

Unterdessen scheint es zwischen Netanjahu und Verteidigungsminister Galant zu einem ernsthaften Zerwürfnis gekommen zu sein. Israelischen Kommentatoren zufolge ist Netanjahu gegen eine israelische Operation gegen die Hisbollah, während Galant für die Eröffnung einer zweiten Front im Norden ist. Wenn die Hisbollah während der Bodenoffensive im Gazastreifen passiv bleibt, wird Netanjahu das Lob einheimsen, wenn nicht, wird das eine weitere seiner vielen falschen Annahmen sein und eine weitere der Fragen, die er beantworten muss.

Zwei weibliche Geiseln, Judith und Natalie Raanan, Mutter und Tochter, wurden dank der Vermittlung von Katar freigelassen. Sie sind amerikanische Staatsbürgerinnen, die sich in Israel niederlassen wollen. Das könnte die Erwartung bestärken, dass weitere Geiseln freikommen, wenn «am Boden» nichts geschieht. Nach einer Schätzung der IDF befinden sich noch 210 Geiseln und Gefangene im Gazastreifen. «Unser Ziel ist es, sie alle nach Hause zu bringen.» Wird deshalb die bevorstehende Bodenoffensive verschoben?

21. Oktober 2023

Seit heute darf humanitäre Hilfe über den Grenzübergang Rafah nach Gaza gelangen. Seltsamerweise bestätigen die UN und andere humanitäre Organisationen, dass die Lieferungen nicht auf Waffen und anderes verbotenes Material kontrolliert wurden. In Israel ist das fünfundzwanzigste amerikanische Frachtflugzeug mit militärischer und medizinischer Ausrüstung gelandet.

Amerikanische und israelische Regierungsvertreter erörtern verschiedene Möglichkeiten für die politische Zukunft des Gazastreifens nach der Ausschaltung der Hamas. Eine dieser Möglichkeiten ist die Bildung einer Übergangsregierung unter Beteiligung der UNO und mit Unterstützung aller arabischen Länder. Wie diese allgemeine Unterstützung erreicht werden kann, weiß im Moment noch niemand. Die Amerikaner scheinen in Sorge darüber zu sein, dass Israel sich auf kurzfristige militärische Ziele konzentriert, ohne ausreichend darüber nachzudenken, was nach dem Erreichen dieser Ziele geschehen könnte. Präsident Biden warnte während seiner Reise nach Israel davor, die Fehler zu wiederholen, die die USA nach dem 11. September 2001 gemacht haben, als sie den Irak und Afghanistan militärisch zerschlugen, ohne über eine politische Nachkriegsstrategie zu verfügen.

Selbst die besten Nachkriegsvorbereitungen können nicht gewährleisten, dass die Bodenoffensive in Gaza zu einem vorhersehbaren Ergebnis führt. Ohne eine solche Bodenoffensive kann die Hamas nicht zerschlagen werden, und wenn sie nicht zerschlagen wird, wird sie den Sieg für sich beanspruchen und in ein paar Jahren eine Operation wie die vom 7. Oktober wiederholen. Aber die notwendige Bodenoffensive könnte unter den aktuellen Bedingungen in der muslimischen Welt die Verbündeten der Hamas und ihren Schirmherrn Iran auf den Plan rufen, was wiederum zu einer amerikanischen Beteiligung führen wird. Und was die Folgen eines amerikanischen Engagements sein könnten, kann niemand vorhersagen.

Israel hat etwa 300 000 Zivilisten aus Gemeinden nahe der Grenze zum Gazastreifen im Süden und der Grenze zum Libanon im Norden evakuiert. Seit dem Angriff der Hamas hat Israel etwa 1400 Tote zu beklagen, während im Gazastreifen nach Angaben des Gesundheitsministeriums etwa 3800 Menschen durch Angriffe der israelischen Luftwaffe ums Leben gekommen sind. Leider wird es im Zuge der Bodenoffensive auf beiden Seiten zwangsläufig zu weiteren Opfern an Menschenleben kommen.

22. Oktober 2023

Das vom ägyptischen Präsidenten al-Sisi einberufene Gipfeltreffen europäischer und arabischer Länder in Kairo, bei dem eine Lösung für die Krise gefunden werden sollte, endete ohne Ergebnis, da die beiden Hauptakteure, die Vereinigten Staaten und Israel, nicht eingeladen worden waren.

Nichts Neues an der Gaza-Front, außer den anhaltenden Luftangriffen auf die Enklave mit den katastrophalen humanitären Folgen, die sie mit sich bringen. Scharmützel im Norden. Netanjahu droht der Hisbollah mit schlimmen Folgen, sollte sie es wagen, in den Krieg einzutreten. Weitere amerikanische Truppen werden in das Kriegsgebiet verlegt. Ist dies ein Zeichen dafür, dass die israelische Bodenoffensive unmittelbar bevorsteht? Sie war offenbar auf amerikanisches Ersuchen hin verschoben worden.

Die israelische Aufforderung, den nördlichen Gazastreifen zu verlassen, führte zu einem massiven Exodus; einziger Zufluchtsort der Menschen ist eine wachsende Zeltstadt nahe dem südlichen Teil des Streifens, in der Nähe des Flüchtlingslagers Chan Yunis (da Ägypten seine Grenzen geschlossen hält). Bei den verzweifelten Evakuierten weckt das schlimme Erinnerungen, denn der gegenwärtige Exodus endet in der Nähe eines Flüchtlingslagers aus dem ersten arabisch-israelischen Krieg. Es ist bemerkenswert, dass die benachbarten arabischen Länder sich weigern, ihre Grenzen für die verzweifelten Palästinenser zu öffnen, und sei es auch nur für ein Rinnsal von Flüchtenden.

Jüngsten Schätzungen zufolge beträgt die Zahl der Geiseln 212. In Dschenin im Westjordanland plante eine Gruppe lokaler Hamas-Terroristen eine Geiselnahme, wie am 7. Oktober. Sie wurden rechtzeitig verhaftet.

Zwar fuhr gestern der erste humanitäre LKW-Konvoi in den Gazastreifen ein, doch die derzeitige Lage ist noch unklar. Es scheint, dass die 17 Lastwagen des heutigen humanitären Konvois noch nicht in den Gazastreifen gelangt sind. Das hat wahrscheinlich mit dem angeblich irrtümlichen Beschuss einer ägyptischen Stellung am Grenzübergang durch einen israelischen Panzer zu tun. All dies hängt mit dem zusammen, was schon lange bekannt ist: Die Hamas bekommt ihr Arsenal an iranischen Waffen über Ägypten und über ein gut geöltes Bestechungssystem. Indem Israel die ägyptische Stellung beschoss, signalisierte es, dass es sich des Waffenverkehrs sehr wohl bewusst ist. Ob in den heutigen humanitären Konvois Waffen versteckt waren, ist eine offene Frage. Später vereinbarten Präsident Biden und Premierminister Netanjahu, dass die humanitäre Hilfe für den Gazastreifen fortgesetzt werden soll.

Seit dem ersten Tag des Konflikts befindet sich die öffentliche Meinung im Westen, insbesondere in Europa, in einer Schlammschlacht, wie man sie seit vielen Jahren nicht mehr erlebt hat. Auf beiden Seiten haben sich die Emotionen hochgeschaukelt, und das Gefühl der Zugehörigkeit zu einer Gemeinschaft, das in einigen Fällen lange Zeit geschlummert hat, ist plötzlich wieder aufgetaucht, wie z. B. die Zugehörigkeit zu einer arabischen oder allgemein zu einer muslimischen Gemeinschaft oder zu einer jüdischen Gemeinschaft. Und vom ersten Tag an haben sich Menschen, die keiner der beiden Gemeinschaften angehören, dem Kampf angeschlossen, entweder aufgrund vager Affinitäten zu der einen oder der anderen Seite oder weil es ihnen die Möglichkeit bietet, indirekt oder explizit eine Agenda voranzutreiben, mit der sie in ruhigeren Zeiten nicht so leicht hausieren gehen konnten oder die unter normalen Umständen sogar als Hassverbrechen betrachtet würde: Hass gegen Zuwanderer und Islamophobie auf der einen Seite, Antisemitismus auf der anderen. Natürlich gibt es auf beiden Seiten auch Hardcore-Ideologen. Das ist die Situation, in der wir uns befinden, vor allem in Großbritannien, in Frankreich und in Deutschland. Bislang ist es noch nicht zu größeren Gewaltausbrüchen gekommen, aber unter dermaßen brisanten Umständen genügt ein Streichholz, um einen Feuersturm zu entfachen.

Laut israelischen Nachrichten zögert Netanjahu die Bodeninvasion in Gaza vorerst noch hinaus, wahrscheinlich auf Wunsch des amerikanischen Präsidenten.

23. Oktober 2023

Nach Angaben israelischer Offizieller wurden bei den Leichen der im Süden getöteten Hamas-Terroristen Anleitungen für die Verwendung von Zyanid zur Herstellung von Sprengstoff für die chemische Kriegsführung gefunden. Diese Information wurde von Präsident Herzog in einem Interview mit Sky News vor zwei Tagen wiederholt. Bei den Anleitungen handelt es sich um Broschüren des IS aus den frühen 2000er Jahren.

Heute wurde eine weitere humanitäre Hilfslieferung nach Gaza zugelassen. Offenbar werden solche Lieferungen von nun an täglich erlaubt, nach einer israelischen Inspektion.

Trotz wiederholter Dementis gibt es offenbar Meinungsverschiedenheiten zwischen Galant und der Armee auf der einen Seite und Netanjahu und ihm nahestehenden Personen auf der anderen Seite. Galant und die Armee sind davon überzeugt, dass die Hamas ohne eine Bodenoffensive nicht vernichtet werden kann, warnen aber davor, dass die Militäroperationen in Gaza Monate dauern könnten. Netanjahu scheint zu zögern, eine Bodenoffensive zu befehlen, die langwierig sein und viele Menschenleben kosten könnte. Tatsache ist, wie der Schas-Vorsitzende Deri heute zugab, dass es keine fertigen militärischen Pläne gibt und dass alles erst im Laufe der Ereignisse vorbereitet werden muss. Das mag die unterschiedlichen Sichtweisen erklären. Dieser völlige Mangel an Voraussicht in Bezug auf mögliche Pläne der Hamas und folglich das Fehlen jeglicher militärischer Vorbereitung sind das direkte Ergebnis von Netanjahus Auffassung, die Hamas sei allein an wirtschaftlichen Vorteilen interessiert und verhalte sich ruhig, solange man die Bestie füttere. Das wirft für jede Nachkriegsuntersuchung viele Fragen auf. Interessanterweise hat Naftali Bennett, der vor Netanjahu zeitweilig einer zentristischen Koalition vorstand, heute sein *mea culpa* abgelegt. Netanjahu, der während seiner wiederholten Amtszeiten als Premierminister den größten Teil der israelischen Vorkriegspolitik mitgestaltet hat, äußert sich nicht in diesem Sinne.

Einem Artikel von Nahum Barnea, einem der vertrauenswürdigsten politischen Kommentatoren Israels, zufolge bestätigen sich die früheren Hinweise auf eine Vertrauenskrise zwischen Netanjahu und Verteidigungsminister Galant sowie zwischen dem Premierminister und hochrangigen Militärs. Netanjahu verabscheut Galant, seit er ihn einige Monate vor dem Krieg entlassen wollte, weil er sich gegen seine Politik der Justizreform und deren katastrophale Auswirkungen auf die Armee ausgesprochen hatte, ihn dann aber wegen der großen Unterstützung des Verteidigungsministers durch die Opposition, die damals auf der Straße lautstark zu hören war, im Amt belassen musste. Außerdem macht der Premierminister die Armeeführung für alle Fehleinschätzungen verantwortlich, die zum 7. Oktober geführt haben; das wird mit Sicherheit seine Verteidigungsstrategie sein, wenn nach dem Krieg die heiklen Fragen gestellt werden. In der Zwischenzeit behindert dieser Mangel an Vertrauen jede wirksame zivil-militärische Zusammenarbeit und jede wirksame Formulierung von Politik. Es erklärt zu einem guten Teil den immer stärkeren Einfluss der USA auf israelische Entscheidungen, insbesondere auf die Priorität, die der Geiselbefreiung gegenüber der Einleitung der Bodenoperation gegen die Hamas eingeräumt wird.

Netanjahus künftige Verteidigungslinie wurde übrigens in einem Interview bestätigt, das das Kabinettsmitglied Miri Regev, die treueste Gefolgsfrau des Premierministers, dem Kanal 14, dem Sprachrohr des Likud, gab. Auf die Frage nach der Verantwortung des Premierministers für den 7. Oktober antwortete sie: Der Premierminister kann den Leiter des Schin Beth, den Leiter des Mossad oder den Chef des Militärgeheimdiensts nicht entlassen;

sie sind die Spezialisten, sie geben die Einschätzungen ab. Netanjahu kann es versuchen, aber er wird zum Rücktritt gezwungen sein.

Heute wurden zwei weitere weibliche Geiseln freigelassen: eine 85-Jährige und eine 80-Jährige, die auf Bahren in Krankenwagen gebracht wurden.

Trotz meiner Abneigung gegen Netanjahu und meines Wunsches, ihn aus dem Amt zu jagen, ziehe ich im Moment seine Besonnenheit dem Beharren von Galant auf einer Bodenoperation im Gazastreifen und zuvor auf einer sofortigen Offensive gegen die Hisbollah vor. Eine Bodenoffensive im Gazastreifen könnte katastrophale Folgen haben, da die Hamas kilometerlange Tunnel gegraben hat, deren Räumung Monate erfordern und eine beträchtliche Zahl von Opfern auf allen Seiten mit sich bringen würde. In dieser Zeit würde der internationale Druck auf Israel zunehmen und ein Ende des Krieges im Gazastreifen verlangen. Nach einer gewissen Zeit würden sich die USA diesen Forderungen wahrscheinlich anschließen müssen. In einer Erklärung, die er heute abgab, schien Ex-Präsident Obama eine solche Haltung einzunehmen. Und so entsetzlich dies in den meisten israelischen Ohren auch klingen mag, die Hamas könnte sich dann stolz als Sieger feiern lassen.

24. Oktober 2023

Der französische Präsident Emmanuel Macron ist in Israel. Der israelische Generalstabschef wiederholte, dass die Armee für eine Bodenoperation bereit sei, aber die Entscheidung liegt bekanntlich nicht bei ihm, sondern bei

Netanjahu und den Amerikanern. Vom Iran unterstützte Gruppen haben Raketen auf amerikanische Stützpunkte im Irak und in Syrien abgefeuert. Die Möglichkeit einer allgemeinen Explosion scheint näher denn je.

In den letzten beiden Tagen wurden die Verhandlungen mit der Hamas über die Freilassung von Geiseln fortgesetzt. Ihre Forderung: Treibstoff für Gaza im Austausch für die Geiseln. Vor wenigen Augenblicken verkündete der israelische Militärsprecher, dass kein Treibstoff nach Gaza geliefert werde, was höchstwahrscheinlich bedeutet, dass bei den Verhandlungen etwas schiefgelaufen ist. Heißt das, dass die Bodenoperation angelaufen ist?

Die hitzige Atmosphäre, die in einer Reihe westlicher Länder große Demonstrationen auslöst, ist übermäßig pro-palästinensisch. Das wirft eine Reihe von Fragen auf: Welche Rolle spielt der offene, vor allem aber der verdeckte Antisemitismus bei diesem eklatanten Unterschied in den Reaktionen auf die dokumentierten Gräueltaten der Hamas einerseits und die Bombardierung des Gazastreifens und die damit verbundenen zivilen Opfer andererseits? Werden wir eine Verschmelzung des muslimischen Judenhasses mit dem christlichen zu neuen satanischen Bildern von den «Feinden der Menschheit» erleben, werden wir hören und sehen, dass jüdisches Leben nichts zählt? Beinahe wäre das in Duisburg passiert, wo ein Möchtegern-Schahid plante, mit einem Lastwagen in eine proisraelische Versammlung zu fahren, um so viele Teilnehmer wie möglich zu töten, aber aufgrund von Informationen eines ausländischen Geheimdiensts verhaftet wurde. In den meisten westlichen Ländern ist es noch nicht so weit, aber man könnte auf dem Weg dorthin sein.

Zweitens geht es um eine im Wesentlichen politische Frage: Wird das einseitige Kippen der öffentlichen Meinung die Entscheidungsträger vor allem in Europa beeinflussen (obwohl der US-Präsident nicht umhin kann, auf die bevorstehenden Wahlen im Jahr 2024 Rücksicht zu nehmen, insbesondere wenn der progressive Teil der Demokraten eine immer größere Rolle spielen wird)? Politische Entscheidungen, die auf einer Fehleinschätzung des massiven Meinungsumschwungs zugunsten der Palästinenser beruhen, haben zudem noch einen ganz anderen Aspekt: eine mögliche Überbewertung in Teheran und der Beginn eines Angriffs gegen Israel und die USA, der die Ajatollahs das Überleben ihres grausamen Regimes kosten könnte.

Schin Beth und der Militärgeheimdienst haben bei ihren Bemühungen, die Hinterlassenschaften der Opfer des 7. Oktober und ihrer Mörder zu bergen, in der Nähe von Re'im das Handy eines der Opfer gefunden, mit dem dessen Mörder seine eigenen Eltern in Gaza anrief (das Gespräch wurde auf dem Telefon aufgezeichnet): «Papa, ich rufe an, um dir zu sagen, dass ich den Juden, dessen Telefon ich benutze, getötet habe, und mit meinen eigenen Händen habe ich zehn weitere Juden getötet, ja zehn, mit meinen eigenen Händen. Öffne WhatsApp und du wirst alle Toten sehen». Darauf der Vater: «Möge Gott dich beschützen.» Dann erzählte der Mörder der Mutter von seiner Tat und bekam ihren Segen. Der israelische Außenminister Eli Cohen verlas den Text des Telefongesprächs vor dem UN-Sicherheitsrat anlässlich einer Sondersitzung über den Krieg zwischen Israel und Hamas.

25. Oktober 2023

Aus verschiedenen, vor allem amerikanischen Berichten geht hervor, dass Israel bis zum heutigen Tag keinen klaren militärischen Plan für seine Bodenoperation in Gaza hat. Wird es nur Spezialkräfte einsetzen und sich auf sehr präzise und «chirurgische» Operationen konzentrieren oder wird es eine massive Streitmacht einsetzen, die von Panzern usw. unterstützt wird? Und wie lassen sich massenhafte Verluste an militärischen und zivilen Menschenleben vermeiden? Und vor allem: Wo sind die Pläne für einen Rückzug? Wie kommt man aus den Tunneln der Hamas, aus der «Gaza-Metro», wie sie es nennen, wieder heraus? Offenbar versucht Präsident Biden Netanjahu zu helfen, «seinen Kopf und nicht nur sein Herz zu benutzen». Die völlig unzureichende Vorbereitung Israels erklärt die Ankunft von US-Beratern im Land, die ihre Erfahrungen aus dem Häuserkampf im Irak, insbesondere in Falludscha und Mossul, einbringen werden. Doch was kann technisches Fachwissen angesichts der völlig unzureichenden Vorbereitung der Armee und des anhaltenden Chaos auf allen Regierungsebenen ausrichten? Die Bodenoperation ist wahrscheinlich für lange Zeit vom Tisch, wenn sie überhaupt noch eine Option ist. Netanjahu sprach in seiner heutigen Rede noch mit Bestimmtheit von der kommenden Operation, deren Beginn vom Kriegskabinett beschlossen werde. Was seine Verantwortung betrifft, so erklärte er lediglich, «dass nach dem Krieg alle Rede und Antwort stehen müssen», auch er. Das kann man als «den Fisch ertränken» (*noyer le poisson*) bezeichnen. Wie wird sich dies auf die Stimmung im Land auswirken?

Der unvermutete Hamas-Angriff am 7. Oktober war offenbar von einer fast vollständigen Lahmlegung des israelischen Cyber-Netzwerks begleitet. Diese Operation war so ausgeklügelt, dass sie die Fähigkeiten der Hamas oder sogar des Irans weit übersteigt; nur Russland verfügt angeblich über das nötige Fachwissen. So viel zu Netanjahus «mein Freund Putin» ... Kurzum, wo man auch hinschaut, findet man Spuren des Mangels an Voraussicht, an Vorbereitung, an handwerklichem Geschick unseres Premierministers: ein Versagen, das weitaus schlimmer ist, als man es sich vorgestellt hat.

Nach Angaben des *Wall Street Journal* wurden etwa 500 Hamas-Kämpfer im Iran von Al-Quds-Brigaden ausgebildet, um für den Anschlag vom 7. Oktober zu trainieren. Auf jeden Fall scheint die Hamas-Operation auf den verschiedensten Ebenen und seit geraumer Zeit gründlich vorbereitet worden zu sein. Dass dies unseren berühmten Geheimdiensten völlig entgangen ist, ist ein unglaubliches Versagen.

Katar und Ägypten haben einen Durchbruch bei den Verhandlungen mit der Hamas über die Freilassung der Geiseln angekündigt. In Israel wird diese Information bestätigt. Einzelheiten dürften sehr bald bekannt werden.

Die Vereinigten Staaten haben offenbar darum gebeten, die Bodenoperation im Gazastreifen zu verschieben, bis alle amerikanischen Luftwaffenstützpunkte im Nahen Osten mit ausreichend Raketenabwehrsystemen ausgestattet sind. In den letzten Tagen wurden etwa 40 Amerikaner auf Stützpunkten im Irak und in Syrien verwundet –

ein Grund mehr, die völlig unvorbereitete Bodenoffensive zu verschieben.

Ein Freund von mir, ein Israeli, der an einer amerikanischen Universität lehrt, wurde darüber informiert, dass sein Onkel in einem der von der Hamas gestürmten Kibbuzim getötet, dessen Frau schwer verwundet und die gemeinsame Tochter im Teenageralter als Geisel nach Gaza verschleppt wurde. Während der zwei Wochen, die er in Israel verbrachte, meldete sich kein Beamter bei ihm, niemand kam mit Informationen, niemand versuchte, ihn zu erreichen, nichts. Erst als er bereits wieder in den USA war, erfuhr er von einer der vier freigelassenen weiblichen Geiseln, dass seine Cousine in Gaza am Leben war.

26. Oktober 2023

Die israelischen Streitkräfte sind in der Nacht in den nördlichen Gazastreifen eingedrungen, um eine größere Bodenoperation vorzubereiten. Gleichzeitig werden militärische und zivile Führer der Hamas identifiziert, aufgespürt und exekutiert.

Noch immer keine Neuigkeiten über den Geisel-Deal. Könnte es um die Freilassung aller Geiseln gegen ein Ende der Gaza-Operation gehen? Ein solcher Vorschlag würde Israel vor ein schreckliches Dilemma stellen: das Leben von etwa 200 seiner Bürger zu opfern und einen ungewissen Feldzug gegen die Hamas zu führen oder die Hamas überleben zu lassen und das Leben der Geiseln zu retten.

Eine am 13. Oktober veröffentlichte Umfrage zeigt: Netanjahus Likud käme bei Wahlen nur noch auf 19 Mandate, während Gantz atemberaubende 41 Sitze gewinnen würde. Lapid würde 15 Sitze erringen. Schas würde die Hälfte seiner Mandate verlieren und der Religiöse Zionismus käme zusammen mit der Jüdischen Stärke auf lediglich 9 Mandate. Die Umfrage verzeichnet zudem 6 Sitze für Meretz und weitere 6 für Israel Beitenu. Kurz gesagt, ein enormer Anstieg der Mitte- und Mitte-rechts-Parteien und ein erstaunlicher Niedergang der Rechten und der religiösen Rechten. Das erklärt natürlich, warum Netanjahu nach der Veröffentlichung dieser Ergebnisse verkündete, er werde auch Fragen zu den Ereignissen vom 7. Oktober beantworten. Zu wenig und zu spät.

Heute hat Präsident Biden in einer Pressekonferenz mit dem australischen Premierminister die israelischen Extremisten, die als so genannte Vergeltungsmaßnahmen mehrere Palästinenser im Westjordanland getötet haben, scharf verurteilt. Er sprach sich auch für eine humanitäre Feuerpause im Gaza-Krieg aus, damit mehr Hilfsgüter in die Enklave gebracht werden können. Ob Israel dem zustimmen wird, ist unklar.

Die Israelis haben sich in Rekordzahl bewaffnet: Seit dem 7. Oktober wurden rund 150 000 Anträge auf Waffenscheine gestellt, im gleichen Zeitraum des Vorjahrs waren es gerade einmal 42. Das deutet auf einen Vertrauensverlust in die Fähigkeit der Streitkräfte hin, im Ernstfall schnell genug zu reagieren. Es wirkt wie eine verzweifelte Reaktion auf eine Situation, die sich wahrscheinlich nicht wiederholen wird, die aber unheilvolle Folgen haben kann, wie z. B. eine Intensivierung der Siedler-Gewalt gegen die Palästinenser im Westjordanland, die wiederum

Vergeltungsmaßnahmen auslöst und die Situation außer Kontrolle geraten lässt.

Russland stellt sich sowohl bei der UNO als auch bei den Gesprächen in Moskau eindeutig auf die Seite des Iran und der Hamas. In Israel wird Putin vorgeworfen, eine «Achse des Terrors» zu organisieren.

27. Oktober 2023

Während US-Flugzeuge als Vergeltung für die Angriffe auf amerikanische Ziele in den letzten Tagen Ziele im Osten Syriens bombardierten, startete Israel einen zweiten Bodenangriff auf den nördlichen Gazastreifen. Unter den angreifenden Truppen wurden keine Opfer gemeldet. Eine aus dem Gazastreifen abgefeuerte Rakete schlug in einem Gebäude in Tel Aviv ein: vier Menschen wurden verletzt. Die Zahl der am 7. Oktober als Geiseln genommenen Israelis wird inzwischen auf 229 geschätzt.

Da die begrenzten Vorstöße offenbar die einzigen Bodenoperationen gegen Gaza sind, die im Moment erlaubt sind, scheint das Misstrauen zwischen der Armee und der Netanjahu-Entourage so tief wie eh und je zu sein. Offensichtlich will der Premierminister nicht die Verantwortung für eine Bodenoperation übernehmen, die scheitern könnte. Die Geiselfrage – die die Hamas möglicherweise absichtlich hinauszögert – ist ein starkes Argument gegen eine übereilte Bodenoperation, aber auch die militärischen Unwägbarkeiten eines Tunnelkriegs. Ungeachtet des anfänglichen Getöses scheint es der Armee an vielen wichtigen Ausrüstungsgegenständen für eine längere Kriegsführung zu fehlen. Ein Manko nach dem anderen. Netanjahu weiß um den politischen Kampf, den er nach dem Krieg gegen enorme Widerstände wird führen müssen, und das scheint ihn zu lähmen, abgesehen von seiner üblichen Zögerlichkeit und Vorsicht.

Was die IDF betrifft, so ist der Mangel an unmittelbarer Vorbereitung offensichtlich; andererseits könnten sie sich seit langem auf einen Krieg in Gaza vorbereitet haben, wie aus einem vor einigen Tagen in der britischen Zeitung *The Telegraph* veröffentlichten Artikel hervorgeht. Diesem Bericht zufolge hat die Armee in der Nähe von Tze'elim eine Nachbildung des Gazastreifens errichtet, die als «Klein-Gaza» bezeichnet wird und über die gesamte Infrastruktur der Enklave verfügt, einschließlich der Tunnel. Was die Tunnel anbelangt, so wird in demselben Artikel berichtet, dass die Armee über «Schaumbomben» verfügt, also Bomben oder Sprengstoffe, die Schaum ausstoßen, der sich sofort verfestigt und so den Zugang zu den Tunneln oder den Durchgang zwischen ihnen versperren kann. Der Artikel, der sich offensichtlich auf eine israelische Quelle stützt, bietet keine genauen Anhaltspunkte für seine Behauptungen, vermittelt aber den Eindruck, dass die IDF nicht völlig unvorbereitet sind.

Nach Ansicht mehrerer Kommentatoren hat die Hamas bereits erreicht, was möglicherweise ihr Hauptziel war: neue internationale Aufmerksamkeit für die palästinensische Frage. In den letzten zwei Jahren bestand die Gefahr, dass die «Abraham-Abkommen» zwischen Israel und einer Reihe arabischer Länder und die sich abzeichnende Normalisierung der Beziehungen zwischen dem jüdischen Staat und Saudi-Arabien die Palästina-Frage an den Rand drängen, ja sogar irrelevant machen würden. Der 7. Oktober hat die Situation umgekehrt: Plötzlich wird von allen eine Lösung des Konflikts, die die Zweistaatenlösung einschließen muss, angemahnt, allen voran vom US-Präsidenten. Für die derzeitige israelische Regierung könnte dies eine höchst unerfreuliche Perspektive sein; sie könnte die Koalition zerbrechen lassen.

In einem speziellen Briefing für ausländische Korrespondenten machte der IDF-Sprecher umfangreiches nachrichtendienstliches Material publik, das beweist, dass sich das operative Hauptquartier der Hamas unter dem wichtigen Al-Schifa-Krankenhaus im Gazastreifen befindet und aus mehreren unterirdischen Tunneln besteht, die den Zugang zum Hauptquartier ermöglichen, ohne dass man das Krankenhaus betreten muss, und in denen außerdem große Mengen an Waffen und Munition gelagert werden.

Neben ihren allgemeinen politischen Zielen scheint die Hamas drei konkrete Forderungen für die Freilassung eines Teils der Geiseln zu haben: ein Ende der Bombardierung der Enklave, die Lieferung von Treibstoff und die Freilassung der Angehörigen der Hamas und des Islamischen Dschihad, die in israelischen Gefängnissen einsitzen. Im Gegenzug könnte die Hamas Kinder, Frauen und alte Menschen freilassen. Angesichts dessen ist das israelische Kriegskabinett zwischen zwei Positionen gespalten: die Bodeninvasion zu verschieben und zunächst die teilweise Befreiung der Geiseln anzustreben oder die Bodenoperation zu starten und über die Geiseln zu verhandeln, nachdem einige militärische Vorteile am Boden erzielt wurden.

Die israelischen Bodentruppen kämpfen in der Enklave. Ein Sprecher Netanjahus erklärte gegenüber Auslandskorrespondenten, dass «der Wendepunkt erreicht ist und die Hamas das ganze Ausmaß unseres Zorns spüren wird». Zum jetzigen Zeitpunkt lässt sich nicht in Erfahrung bringen, was genau vor sich geht und ob die Bodenoperation «chirurgisch» ist, wie die Amerikaner gefordert haben, oder ob sie massiv ist. Der Iran hat erklärt, die Kämpfer im Libanon hätten «den Finger am Abzug», aber unklar ist, ob die Hisbollah in den Krieg eintritt oder nur mit den leeren Worten des Iran kämpft.

28. Oktober 2023

Kaum Informationen über die IDF-Operation, was verständlich ist. Die *New York Times* schreibt, dass die Hamas Hunderttausende Liter Treibstoff in ihren Tunneln versteckt hat. Offenbar hat sie im Hinblick auf einen langwierigen Krieg enorme Mengen an Treibstoff und Lebensmitteln gehortet, während es der Bevölkerung in Gaza am Nötigsten fehlt. Die ständige Forderung der Organisation nach Treibstoff war nur Tarnung. Sie scheint alles, was sie für einen langen Krieg braucht, in den Hunderte Kilometer langen Tunneln zu lagern. Es ist deutlich geworden, dass Ägypten die Pipeline war, die all diesen versteckten Verkehr sicher ermöglichte. Ungeachtet der Fassade des guten Willens bei al-Sisi scheint der Hass gegen Israel an den Ufern des Nils sehr tief zu sitzen.

Die Familien der israelischen Geiseln sind besorgt über das Schicksal ihrer Angehörigen während einer Bodenoperation. Nachdem Netanjahu über ein geplantes Treffen zwischen Verteidigungsminister Galant und den

Familien der Entführten informiert wurde, beschloss er offenbar, sich sofort mit ihnen zu treffen. Dieses Treffen fand heute Abend statt, ohne dass etwas Neues bekannt gegeben wurde.

Das Dilemma zwischen der Sicherheit der Geiseln und der Ausweitung der Bodenoffensive bleibt bestehen, auch wenn das offiziell nicht zugegeben wird. Es scheint, dass die Armee eine begrenzte Bodenoperation im nördlichen Gazastreifen anstrebt, die als Grundlage für Verhandlungen dienen soll. Aber wie begrenzt ist begrenzt bei einer Bodenoperation, die eine Eigendynamik entwickelt? Mehr oder weniger zeitgleich mit dem Beginn der Operation bot der Chef der Hamas in der Enklave und Planer des Anschlags vom 7. Oktober, Jahia Sinwar, einen Deal an: alle gegen alle. Mit anderen Worten: Austausch aller Geiseln gegen alle von Israel festgehaltenen Hamas-Mitglieder. Ein israelischer Militärsprecher wies Sinwars Vorschlag zurück und bezeichnete ihn als «Psychoterror». Israel bevorzugt offensichtlich eine schrittweise Verhandlung via Katar und möglicherweise auch andere Vermittler.

In einer Pressekonferenz, die am Abend zusammen mit Verteidigungsminister Galant und dem Mitglied des Kriegskabinetts Benny Gantz stattfand, weigerte sich Netanjahu erneut, seine Gesamtverantwortung für die Ereignisse, die zum 7. Oktober führten, einzugestehen. Er bestritt erneut, dass es zwischen ihm und dem Verteidigungsapparat einen Mangel an Vertrauen gebe. Wiederholt bekräftigte er seine Gewissheit eines künftigen Sieges, nach dem «alle schwierigen Fragen gestellt werden» würden. Offenbar hat er nicht die Absicht, irgendetwas zuzugeben, und will mit allen Mitteln darum kämpfen, seinen Posten zu behalten.

Eine äußerst schwierige Entscheidung steht noch bevor: Da die Hamas-Führung und ihr Hauptquartier in Tunneln versteckt sind, die unter dem Al-Schifa-Krankenhaus, dem wichtigsten Krankenhaus in Gaza, gegraben wurden, besteht die einzige Möglichkeit, an sie heranzukommen, darin, das Krankenhaus zu bombardieren, was die Tötung von Hunderten von Patienten bedeuten könnte. Natürlich wird Israel im Falle einer Bombardierung des Krankenhauses und ungeachtet aller vorangegangenen Informationskampagnen von vielen beschuldigt werden, gegen das Kriegsvölkerrecht zu verstoßen und Verbrechen gegen die Menschlichkeit begangen zu haben. Ich kann mich nicht daran erinnern, dass sich das Land jemals in einer so schlimmen Situation befand, sowohl was die rein existenziellen Herausforderungen als auch den massiven Hass auf internationaler Ebene betrifft.

29. Oktober 2023

Sehr wenige Informationen über die laufende Bodenoperation. Im Norden kommt es zu Feuergefechten, aber es scheint unwahrscheinlich, dass sich die Hisbollah darüber hinaus in den Krieg einschalten wird. Was den Iran betrifft, so schweigt er bis auf Weiteres. Im Gazastreifen scheinen Frustration und Panik unter der Bevölkerung zu wachsen: Es wird von zahlreichen Plünderungen von UN-Lagerhäusern berichtet; es gibt keinen Strom mehr, außer von privaten Generatoren.

Keine Neuigkeiten zu den Verhandlungen über die Geiseln. Die Rolle Katars ist offenbar entscheidend, aber gelinde gesagt sehr zweideutig. Seit Jahren beherbergt der kleine Golfstaat einerseits die politische Führung der Hamas, andererseits aber auch das Hauptquartier des US Central Command für den Nahen Osten und Zentralasien. Für die ölreiche Monarchie bedeutet dies einen ständigen Spagat; es bedeutet, mit gespaltener Zunge zu sprechen.

Wie nicht anders zu erwarten, kritisierte Netanjahu den Chef des Militärgeheimdiensts und den Leiter des Schin Beth, weil sie ihn nicht vor den Gefahren gewarnt hätten, die sich am Vorabend des 7. Oktobers abzeichneten. Kurz darauf entschuldigte er sich. Ungeachtet dieser Entschuldigung könnte dies von nun an seine Verteidigungsstrategie sein. Die israelische Öffentlichkeit wird sich nicht so leicht umstimmen lassen. Die Wut auf den Premierminister wächst, auch wegen seines luxuriösen Lebensstils, während die meisten Israelis gerade so über die Runden kommen. Das Unglaubliche an Netanjahus Verhalten ist, dass seine Kritik an den beiden hochrangigen Kommandeuren gegen die Meinung seines hochrangigen Beraters, aber auf ausdrückliche Empfehlung seiner Frau Sarah und seines Sohnes Jair erfolgte. Diese beiden Familienmitglieder spielen eine wichtige Rolle bei der Entscheidungsfindung unseres Premierministers.

Während ich dies alles schreibe, geht mir eine Frage, eigentlich *die* Frage, nicht aus dem Kopf: Wird dieser Krieg die israelische Bevölkerung davon überzeugen, dass eine echte Friedenslösung mit den umliegenden arabischen Staaten – hoffentlich ohne dass die Hamas und der Islamische Dschihad dabei noch eine Rolle spielen – nur dann möglich sein wird, wenn der Prozess in Richtung einer Zweistaatenlösung der palästinensischen Frage eingeleitet wird? Es stimmt, dass wir mit Ägypten und Jordanien Frieden geschlossen haben und dass es die «Abraham-Abkommen» gab, ohne dass das palästinensische Problem gelöst wurde. Aber wie die Haltung der palästinensischen Bevölkerung und die Bekundungen ihrer Führer in der gegenwärtigen Situation zeigen, kann dieser Friede jeden Moment zerbrechen. Werden Schritte zur Lösung der palästinensischen Frage für eine stabilere Akzeptanz Israels in der arabischen Welt sorgen? Niemand weiß das. Die Abkommen von Oslo sahen wie ein erster Schritt aus, aber dennoch standen wir vor einer «Ablehnungsfront». All das gilt es zu berücksichtigen, aber Israel muss die Bereitschaft zeigen, über bloße Worte und weitere Siedlungen hinauszugehen.

Was neu in der Gleichung ist und vielleicht keine Rolle spielen sollte, aber für mich von großer Bedeutung ist, ist der enorme Ausbruch von Hass gegen Juden, mit anderen Worten die Gleichsetzung von Israelis und Juden in einem Anfall von Antisemitismus, wie es ihn im Westen seit der Hochzeit des Nazismus nicht mehr gegeben hat. Das sollte man sich vor Augen halten, wenn man sieht, was heute auf dem Flughafen in Dagestan geschah, wo eine von antisemitischen Telegram-Kanälen aufgehetzte Menge auf die Passagiere eines aus Israel kommenden Flugzeugs losging. Wir wissen, dass die Menge außer Kontrolle geriet und dass die bewaffnete Polizei eingreifen musste. Das ist als Vorgeschmack auf das, was ein antisemitischer Kanal anrichten kann, unter den gegenwärtigen brisanten Umständen völlig ausreichend. Derweil werden im Vereinigten

Königreich jüdische Häuser auf dem Campus bedroht. In den USA macht nach Harvard nun Cornell von sich reden: Dort haben Studenten offen dazu aufgerufen, Juden zu töten. Toll, nicht wahr? Die Anti-Defamation League meldete einen Anstieg der antisemitischen Vorfälle in Chicago um 388 Prozent seit dem 7. Oktober im Vergleich zum Vorjahreszeitraum.

30. Oktober 2023

Die Zahl der Geiseln in der Hand der Hamas wird auf 239 geschätzt. Eine von ihnen, die junge Deutsch-Israelin Shani Louk, die von der Hamas in Unterwäsche in den Straßen von Gaza zur Schau gestellt und gefilmt wurde, ist inzwischen für tot erklärt worden. Heute veröffentlichte die Hamas ein kurzes Video von drei entführten israelischen Frauen und ihren (wahrscheinlich erzwungenen) Äußerungen gegen Netanjahu.

Gestern erreichte der bislang größte Hilfskonvoi den Gazastreifen: 33 LKWs. Das ist eindeutig zu wenig. Deshalb hat Israel mit den USA vereinbart, dass von heute an täglich 100 Lastwagen mit Hilfsgütern in die Enklave gelangen dürfen. Die Bodenoperation wird nach Angaben des Militärsprechers systematisch ausgeweitet, aber natürlich erfährt man nur wenige Details.

Heute Morgen kam es heraus. 2016 informierte der damalige Verteidigungsminister Avigdor Lieberman den damaligen Premierminister Netanjahu darüber, dass die Hamas eine Operation innerhalb Israels vorbereite, die auch Geiselnahmen einschließen sollte. Das Dokument war offenbar sehr detailliert; Lieberman und die Armeeführung hatten zudem einen detaillierten Plan für Präventivmaßnahmen vorbereitet. Das Kabinett nahm es achselzuckend zur Kenntnis. Die allgemeine Selbstgefälligkeit beruhte auf Netanjahus Auffassung, dass die Hamas nur an einer Verbesserung der materiellen Bedingungen im Gazastreifen interessiert sei, an nichts anderem.

Großartige Neuigkeiten! Eine israelische Soldatin, Ori Megidish, die offenbar allein als Geisel gehalten wurde, wurde von den vorrückenden Truppen entdeckt und befreit. Sie ist wieder in Israel.

Der türkische Präsident Recep Tayyip Erdoğan greift Israel tagtäglich an. Auf einer seiner pro-palästinensischen Kundgebungen versprach er nun, Israel als «Kriegsverbrecher» einzustufen – aus dem Munde des türkischen Präsidenten ist das eine Drohung, die einer kristallklaren Quelle entspringt. Israel rief seinen Botschafter zurück und wird seine Beziehungen zur Türkei neu überdenken.

Die Präsidentin von Harvard, Claudine Gay, kündigte die Einsetzung einer Beratungsgruppe an, die bei der Ausrottung des Antisemitismus auf dem Campus helfen soll. Präsidentin Gay hat einige Zeit gebraucht; hoffen wir, dass dies nicht nur Worte sind.

Ein Freund schrieb mir aus Paris: «Zahlreiche Hakenkreuze auf den Straßen. Die öffentliche Meinung in Frankreich ist hoffnungslos gespalten.» Unterstützer Israels in Frankreich ist heute die extreme Rechte (Marine Le Pen), wie zur Zeit des Algerienkriegs. Die Antisemiten von gestern sind vorübergehend aus Hass gegen die Einwanderer für Israel, so wie sie es damals aus Hass gegen die Algerier waren.

31. Oktober 2023

Die israelische Bodenoffensive geht voran, tief in der Enklave. Es gibt keine konkreten Informationen über die militärischen Entwicklungen, aber aus den Berichten ausländischer Korrespondenten kann man schließen, dass die Armee Gaza-Stadt vom Süden der Enklave isolieren will, indem sie die Nord-Süd-Autobahn irgendwo südlich von Gaza-Stadt abschneidet.

Die Zahl der antipalästinensischen Zwischenfälle im Westjordanland nimmt deutlich zu. Blinken reist erneut nach Israel, um diese besorgniserregende Entwicklung zu erörtern. Die Verantwortung liegt in erster Linie bei den Siedlern, den direkten Verursachern, aber auch bei einer Regierung, die nicht willens oder in der Lage ist, diesen Pöbel zu stoppen.

Dieser Krieg gegen die Hamas mag anders sein als die vorangegangenen, er mag länger dauern und schwieriger sein, aber im Grunde führt Israel ein und denselben Krieg gegen Feinde, die ein und dasselbe wollen: diese Eindringlinge aus dem arabischen Raum des Nahen Ostens zu vertreiben. Man muss sich die Abfolge der Konflikte in Erinnerung rufen, um zu verstehen, wie tief das Problem reicht, und, was noch wichtiger ist, um die verschiedenen Ebenen der Verwicklung aufzuzeigen, um die Schwierigkeiten zu begreifen, die bei der Suche nach einer dauerhaften Lösung auftreten können.

Was die Abfolge der Kriege betrifft, so lässt sie sich schnell zusammenfassen:

Der Unabhängigkeitskrieg von 1948/49 war nur der

erste der Kämpfe, die gegen den neuen Staat Israel geführt wurden, aber auch der letzte der wiederholten Angriffe gegen das «zionistische Gebilde», denn es schien gekommen zu sein, um zu bleiben. Die Balfour-Deklaration von 1917, in der die Errichtung einer jüdischen Heimstätte in Palästina versprochen wurde, war die eigentliche Gründungsurkunde des Zionismus, auch wenn der Traum von einem jüdischen Staat, der aus dem wachsenden Antisemitismus in Ost- und Westeuropa entstand, drei Jahrzehnte zurücklag.

Unter dem britischen Mandat über Palästina, von 1920 bis 1948, war eine Flut palästinensischer Angriffe auf jüdische Gemeinden, die mehrere Hundert Todesopfer forderten, der Startschuss. Das Wachstum des Jischuv, das am 15. Mai 1948 zur Ausrufung des Staates Israel führte, wurde dadurch nicht aufgehalten.

Es folgte der Unabhängigkeitskrieg von Mai 1948 bis Juli 1949, den Israel gegen fünf arabische Staaten gewann. Es folgte eine Zeit fortwährender palästinensischer Übergriffe und israelischer Repressalien, die zu dem kurzlebigen Suez-Militärabenteuer der merkwürdigen Allianz aus Israel, Frankreich und Großbritannien gegen Ägypten führte, nachdem der ägyptische Präsident Abdel Nasser den Suezkanal für die israelische Schifffahrt gesperrt hatte. Es folgten einige Jahre relativer Ruhe, bis Ägypten, diesmal im Bündnis mit Syrien und Jordanien, Truppen auf die Sinai-Halbinsel verlegte und Israel direkt herausforderte, was den schicksalhaften Sechstagekrieg im Juni 1967 auslöste.

Der israelische Sieg war schnell, vernichtend und folgenreich, denn der jüdische Staat war nun Herr über die eroberten Gebiete vom Suezkanal bis zu den Golanhöhen und vom Gazastreifen bis zum Jordantal und Herr über eine palästinensische Bevölkerung, die bald über zwei Millionen zählen sollte.

Sechs Jahre später versuchten Ägypten und Syrien mit dem Angriff auf Israel am 6. Oktober 1973, dem Jom-Kippur-Krieg, das militärische Gleichgewicht wiederherzustellen. Die plötzlichen Angriffe wurden von Verteidigungsminister Mosche Dajan und Premierministerin Golda Meir im Fernsehen angekündigt und versetzten die israelische Öffentlichkeit in einen Schockzustand. Der Wendepunkt kam mit dem israelischen Gegenangriff, als Ariel Scharons Truppen den Suezkanal überquerten und die ägyptische Dritte Armee einkesselten.

Der Frieden mit Ägypten und Jordanien, der einige Jahre später folgte, bedeutete keinen Frieden mit den Palästinensern und änderte nichts an der grundlegenden Situation. Die Kriege mit den arabischen Nachbarstaaten wurden abgelöst durch zunehmende Konflikte mit den palästinensischen Widerstandsorganisationen und ähneln in vielerlei Hinsicht der heutigen Situation.

Der erste Libanonkrieg 1982 wurde von Israel gegen die Palästinensische Befreiungsorganisation von Jassir Arafat geführt, die vom Südlibanon aus gegen Israel operierte. Die vom eigenwilligen Verteidigungsminister Scharon unter der formellen Führung von Premierminister Menachem Begin ausgeheckten Kriegsziele führten dazu, dass die PLO aus Beirut abzog und ihr Hauptquartier nach Tunis verlegte, mehr aber auch nicht. Ergebnis war ein fragiles und kurzes Bündnis zwischen libanesischen Christen und Israel. Die Belagerung von Beirut hatte eine gewisse Ähnlichkeit mit dem gegenwärtigen Gaza-Krieg; sie war kurz und führte zu nichts.

Der zweite Libanonkrieg im Sommer 2006 kam der heutigen Situation noch näher. Er begann damit, dass die Hisbollah israelische Soldaten an der Nordgrenze zum Libanon entführte und tötete. Der darauffolgende Krieg zwischen Israel und der Hisbollah war für die IDF schwierig, da sie es mit einem starken schiitischen Gegner zu tun hatten, der vom Iran umfassend bewaffnet und ausgebildet wurde. Er führte auch zu einer zunehmenden Desillusionierung der Israelis über einen ziellosen Krieg. Im August 2006 vermittelten die Vereinten Nationen eine Beendigung der Kämpfe, jedoch ohne jegliche Lösung.

Die arabischen Staaten, Ägypten und Jordanien, sind heute Partner Israels in fragilen Friedensabkommen, aber die palästinensische «Verweigerungsfront» ist unter wechselnden Bezeichnungen zunehmend militant und ihr Kampf ist, wie ich bereits erwähnt habe, die immerwährende Rechtfertigung für diesen jahrzehntelangen Kampf Israels gegen einen Feind, der zwar seinen Namen ändern mag, aber stets das gleiche Ziel verfolgt: die Juden aus dem arabischen Nahen Osten zu vertreiben.

Dies waren und sind die militärischen Auseinandersetzungen, aber in diesem Konflikt ist der Krieg nicht nur die Politik der Kriegsparteien mit anderen Mitteln, sondern viel mehr: er ist religiöse Leidenschaft und Weltpolitik mit anderen Mitteln.

Die religiöse Motivation ist seit dem Hochmittelalter präsent in der Sehnsucht nach Zion, nach einer Rückkehr nach Zion. Ihren Ausdruck fand sie natürlich in Gebeten, aber auch in einer reichhaltigen Literatur aus dieser Zeit.

Theodor Herzl, Verfasser des *Judenstaats* und Begründer des politischen Zionismus, hatte dafür keinen Sinn, aber ein bedeutender Teil des osteuropäischen Judentums, der sich der zionistischen Bewegung anschloss, war sich dieser religiösen Wurzeln sehr wohl bewusst und zum Teil durch sie motiviert. Die religiöse Dimension des Zionismus spielte in der Bewegung allerdings erst nach dem Sechstagekrieg und der israelischen Eroberung der neuen biblischen Gebiete und vor allem ganz Jerusalems eine entscheidende Rolle; dann aber erlebte sie einen Aufschwung als messianische Bewegung, die der festen Überzeugung war, dass diese Eroberungen den Beginn der Erlösung bedeuteten.

Auf arabischer Seite steht die religiöse Präsenz in direkterem Zusammenhang mit politischen und militärischen Aktionen gegen Israel. Die Hamas wurde 1987 in Gaza von Scheich Ahmed Jassin gegründet, und ihr Name lautet in vollem Wortlaut: Harakat al-Muqawama al-Islamiya, «Bewegung des Islamischen Widerstands». Die Hamas ist in vielerlei Hinsicht aus der Muslimbruderschaft hervorgegangen und wurde im Gazastreifen zum Sprachrohr für eine Politik der Verweigerung, für die Ablehnung jeglicher politischer Vereinbarungen mit Israel. Ihre Haltung führte zur direkten Konfrontation mit der Fatah von Jassir Arafat, die sich nach den Osloer Abkommen von 1993 und 1995 bereit erklärte, Israel anzuerkennen und auf eine Zweistaatenlösung des Konflikts hinzuarbeiten. Im Jahr 2007 verdrängte die Hamas die Fatah und übernahm die Kontrolle über den Gaza-Streifen.

Obwohl die Hamas eigenständig ist, ist sie in ihrem Kampf gegen Israel auf die Unterstützung des schiitischen

Regimes des Iran und dessen fanatische Ablehnung des «zionistischen Gebildes» angewiesen. Die religiöse Dimension spielt also eine wichtige Rolle in der Politik von Netanjahus extremistischer Koalition und in noch stärkerem Maße in der kompromisslosen Militanz der Hamas, der Hisbollah und ihres Schirmherrn, des Iran. Dies schließt freilich politisches Kalkül auf beiden Seiten nicht aus.

1. November 2023

Die jemenitischen Huthis haben Israel den Krieg erklärt.

Gestern bombardierte Israel das Flüchtlingslager Dschabalia, um gegen einen dort versteckten ranghohen Hamas-Führer vorzugehen, und tötete dabei Dutzende von Zivilisten. Ausländische Staatsangehörige verlassen die Enklave. Jordanien hat seinen Botschafter aus Israel abberufen.

Die Bilder der durch israelische Bombardierungen verursachten Zerstörungen, die von Zehntausenden von Menschen in den sozialen Medien geteilt werden, sind zwar zu einem guten Teil real, werden nach Ansicht von Spezialisten aber auch durch künstliche Intelligenz manipuliert. In jedem Fall ist das enorme Anwachsen des Antisemitismus in den westlichen Ländern erstaunlich. Er war schon vor dem Angriff der Hamas zu beobachten, aber der Schrecken des Angriffs führte zu keinem nennenswerten Meinungsumschwung; der Krieg, den er auslöste, beschleunigte lediglich die antiisraelische und antisemitische Welle, die die traditionell pro-jüdische Linke buchstäblich verschlang, während die üblicherweise antisemitische Rechte ihre Haltung gegenüber Juden nicht groß änderte, außer vielleicht, dass sie Israel unterstützte und einen Unterschied zwischen Israelis und Juden machte.

Wie lange das noch so weitergehen kann, ist ungewiss. Israel wird dem Tsunami der internationalen Feindseligkeit standhalten können, solange die Vereinigten Staaten seine Fortschritte in Gaza unterstützen – ungeachtet der wachsenden Zahl ziviler Opfer, die dies mit sich bringt. Aber wie lange können wir uns auf die Rückendeckung der USA verlassen? Und täuschen wir uns nicht über die Lage an der Heimatfront: Die israelische Bevölkerung hat, vorsichtig formuliert, kein Vertrauen in ihre Führung. Auch das erinnert an die beiden Libanonkriege, ist aber schlimmer. Im Moment treibt der Zorn Israel an, ein verständlicher Zorn. Präsident Biden hat dafür Verständnis, ebenso wie andere Amerikaner.

Gestern sprach Außenminister Blinken bei einer Senatsanhörung und sagte: «Ein kleiner Junge und ein Mädchen, 6 und 8 Jahre alt, und ihre Eltern am Frühstückstisch. Dem Vater wurden vor den Augen der Kinder die Augen ausgestochen, der Mutter die Brüste abgeschnitten, dem Mädchen der Fuß abgetrennt, dem Jungen die Finger abgeschnitten, bevor sie exekutiert wurden. Anschließend setzten sich ihre Henker hin und aßen.»

Es war notwendig, uns alle an den Ausgangspunkt dieses Krieges zu erinnern, die Aggression der Hamas vom 7. Oktober, bei der 1400 Israelis getötet – und oft auch gefoltert und hingerichtet – und 240 Menschen (letzte Schätzung) als Geiseln verschleppt wurden.

2. November 2023

Vor Ort geht die Auseinandersetzung weiter, ohne dass eine Lösung in Sicht ist. Das ist an sich schon besorgniserregend, aber auch wegen der steigenden Zahl ziviler

Opfer. Das Wissen, dass so viele unschuldige Palästinenser in den Trümmern gefangen sind und getötet werden, ist nicht mehr lange zu ertragen.

Und wir wissen nichts über das Schicksal der israelischen Geiseln (242, Stand heute). Die Vereinigten Staaten werden vorschlagen, die Kämpfe zum Teil zu unterbrechen, um humanitäre Hilfe zu ermöglichen. Die *New York Times* schreibt, Netanjahu sei offen für diesen Vorschlag; in Israel wird diese Offenheit verneint. Außenminister Blinken wird sich morgen mit dem israelischen Kriegskabinett treffen.

Die amerikanischen Juden sind gespalten. Die Mehrheit unterstützt Israel bedingungslos, aber eine wachsende Zahl auf der Linken äußert sich zunehmend kritisch, sogar extrem kritisch. Man hofft, dass Netanjahu weiß, was er tut, wenn er selbst eine begrenzte Feuerpause ablehnt: Die völlige Auslöschung der Hamas ist ein Ziel, das von Rachegelüsten diktiert wird, aber man kann eine Ideologie nicht auslöschen, schon gar nicht eine religiöse. Netanjahu hofft wahrscheinlich, als siegreicher Führer in der Schlacht zu erscheinen, was er vorher nicht war. Wie viel persönliches Kalkül fließt in seine «unvoreingenommene» Einschätzung der Lage ein? Hat das «Kriegskabinett» irgendeinen Einfluss auf seine Entscheidungen?

Auf der anderen Seite bedient sich die Hamas der übelsten Methoden, die über das hinausgehen, was wir bereits erlebt haben: Die israelischen Bodentruppen stießen auf Hunderte von Frauen und Kindern – menschliche Schutzschilde. Die Bodenoperation geht weiter, ohne dass konkrete Einzelheiten bekannt gegeben werden, außer dass Gaza-Stadt jetzt vollständig eingekreist ist. Das bedeutet natürlich, dass die Führer der Hamas in Gefahr sind, gefangen genommen zu werden. Das erklärt wahrscheinlich die plötzliche Reise des politischen Führers der Hamas, Ismail Hanija, der sich dauerhaft in Katar aufhält, nach Teheran; offensichtlich will er den Iran bitten, seinen Schützling, den Hisbollah-Führer, zu einer verstärkten Militärintervention zu bewegen. Morgen soll sich Nasrallah in der Tat zum Konflikt äußern; er wird höchstwahrscheinlich andeuten, was seine Organisation zu tun gedenkt, und indirekt etwas über die Absichten des Iran verraten. Die Spannung im Norden ist spürbar, denn der israelische Generalstabschef hat die Hisbollah vor schlimmen Konsequenzen gewarnt, falls sie sich stärker einmischen sollte.

In der Zwischenzeit, da der Nebel des Krieges so dicht ist wie eh und je, möchte ich auf meine früheren Ausführungen über die grundlegenden Faktoren zurückkommen, die den Konflikt zwischen Israel und diesem oder jenem Akteur, entweder einem arabischen Staat oder den Palästinensern, zu bestimmen scheinen. Ich habe auf den Einfluss religiöser Motivationen auf beiden Seiten hingewiesen, aber natürlich haben politische Erwägungen bei der Ausgestaltung des Konflikts die Hauptrolle gespielt.

Auf beiden Seiten sehen wir ein ähnliches Muster: Akteure, die eine friedliche Lösung anstreben, auf der einen Seite, und Akteure, die nicht daran glauben und das Streben nach Sicherheit (oder aggressive Initiativen) als die einzig sichere Politik betrachten.

Auf israelischer Seite gab es Führungspersönlichkeiten, die an die Möglichkeit einer friedlichen Lösung glaubten und diese anstrebten. An erster Stelle ist hier Mosche Scharet zu nennen, der lange Zeit Außenminister, 1954/55 dann für eine sehr kurze Zeit Premierminister war. In geringerem Maße gilt dies auch für Levi Eschkol, Ministerpräsident von 1963 bis 1969, obwohl er mehr oder weniger gezwungen war, die Initialzündung für den Sechstagekrieg zu geben. Itzhak Rabin wird als derjenige in die Geschichte eingehen, der die Osloer Abkommen aushandelte und Israel in der Palästinenserfrage eine friedliche Perspektive bot; er wurde aus genau diesem Grund ermordet. Das Gleiche gilt für Schimon Peres, wenn auch in geringerem Maße.

Die meisten anderen politischen Führer des Landes waren entweder entschiedene Anhänger der Sicherheitsdoktrin, wie der herausragende nationale Führer David Ben-Gurion, oder unfreiwillige Friedensstifter wie Menachem Begin, der im Grunde ein Falke war. Ariel Scharon, der extremste Falke von allen, bietet ebenfalls dieses doppelte Bild, weil er Israel aus dem Gazastreifen herausgeholt hat und plante, es auch aus Teilen des Westjordanlands herauszuholen. Bleibt die seltsame Figur Golda Meir, die in Amerika aufgewachsene Premierministerin, die, wie ich in früheren Tagebucheinträgen beschrieben habe, die Existenz eines palästinensischen Volkes leugnete. Und es bleibt die fesselnde Figur eines Mannes, der zwar nie Premierminister war, aber als Stabschef, Verteidigungsminister und in seinen späteren Tagen als Außenminister immensen Einfluss hatte: Mosche Dajan.

Als ich 1966 zu Besuch in Israel war, ein Jahr bevor ich an die Hebräische Universität berufen wurde, traf ich Mosche Dajan persönlich. Es war mein Freund, der Journalist und spätere Biograph Ben-Gurions, Schabtai Teveth, der mich zu einem Besuch bei Mosche in dessen Haus in Zahala mitnahm. Dajan war damals Privatier, bevor er als Verteidigungsminister die Schlüsselfigur in dem Kabinett wurde, das die Kette der Siege im Sechstagekrieg in Gang setzen sollte. In den 1950er Jahren hatte er am Grab eines Freundes, der von einem palästinensischen Infiltrator aus dem Gazastreifen (der damals zu Ägypten gehörte) getötet worden war, eine viel beachtete Rede gehalten, in der er prognostizierte, dass es keinen Frieden mit den Palästinensern geben werde und dass Israel mit dem Schwert überleben müsse. Ich habe ihn auf diese Worte angesprochen. Die Palästinenser sind Bauern, denen wir das Land genommen haben, erklärte er, und Bauern vergessen ihr Land nie, bis sie es zurückerobert haben. Das klang einfach und einleuchtend. Für Dajan war das Leben mit dem Schwert nichts, wovor man sich fürchten musste. Viele Jahre später, nachdem er als Verteidigungsminister während des Jom-Kippur-Krieges den Zorn des Volkes auf sich gezogen hatte, wurde er Außenminister in Begins Kabinett und trug seinen Teil zum Frieden mit Ägypten bei. Dajan war ein Einzelgänger, dem es nichts ausmachte, das politische Lager zu wechseln. Ich vermute, dass er seine Ansichten über die Palästinenser nicht geändert hat.

Wo steht Netanjahu in dieser Galerie? Ich habe in den ersten Einträgen ausführlich dargelegt, was ich – wie sechzig oder siebzig Prozent der israelischen Bevölkerung – von Netanjahu als Ministerpräsident halte, vor allem, was die Innenpolitik betrifft: Er ist ein verachtenswerter, selbstsüchtiger Typ, der, um seine Haut zu retten, bereit war, eine religiös-ultranationalistische Koalition mit katastrophalen Folgen für das Land zu bilden. Indem er die Siedlerpolitik unterstützte, war Netanjahu bereit, das prekäre Gleichgewicht der Beziehungen zur Palästinensischen Autonomiebehörde zu gefährden, um seine Koalition über Wasser zu halten.

Andererseits bemühte er sich, die «Abraham-Abkommen» zu festigen und ein Abkommen mit Saudi-Arabien zu erreichen. All dies liegt nun in Trümmern, oder zumindest fast. Und doch lässt sich nicht leugnen, dass Netanjahu während seiner verschiedenen Amtszeiten alles andere als ein Hitzkopf war. Tatsächlich war er bei früheren gewaltsamen Auseinandersetzungen mit der Hamas äußerst vorsichtig und zögerte Schritte hinaus, die zu einer Ausweitung des Konflikts hätten führen können. Seine jetzige Weigerung, einen begrenzten Waffenstillstand zu akzeptieren, ist meines Erachtens auf den Druck des Verteidigungsministers und der Armee zurückzuführen, die davon ausgehen, innerhalb kurzer Zeit greifbare Ergebnisse zu erzielen. Um den Amerikanern sein Zögern schmackhaft zu machen, macht er die Befreiung der Geiseln zur Bedingung für einen Waffenstillstand, aber wie lange wird er dieses Argument noch gegen die Forderungen der USA in Anschlag bringen können?

Smotrich, unser verachtenswerter Finanzminister, hat versucht, die Zahlung von Steuergeldern, die Israel der Palästinensischen Autonomiebehörde schuldet, zurückzuhalten. Heute beschloss das Kabinett nach energischem Eingreifen von Verteidigungsminister Galant, das Geld zu überweisen.

3. November 2023

Nasrallahs Rede war wenig aufschlussreich: Einerseits bezeichnete er die Hamas-Aggression als zu einhundert Prozent palästinensisch und erwähnte sogar, dass er vorab nicht gewarnt worden sei. Andererseits schloss er die Möglichkeit einer Ausweitung des Konflikts nicht aus. In diesem Ratespiel wage ich die Prognose, dass die Hisbollah sich an die derzeitigen Grenzen halten und keinen umfassenden Krieg beginnen wird.

Die in Gaza eingesetzten Truppen scheinen in Gaza-Stadt selbst voranzukommen. Eine der Einheiten nähert sich dem Schifa-Krankenhaus, unter dem sich bekanntlich das Hauptquartier der Hamas verbirgt. Darüber hinaus wurde bekannt, dass die Hamas in diesen Tunneln etwa eine halbe Million Liter Treibstoff gelagert hat, der ursprünglich für die Versorgung des gesamten Gesundheitssystems bestimmt war.

Ungeachtet der Nachrichten über die Fortschritte der Bodentruppen wird von israelischen Militärsprechern immer wieder gewarnt, dass die Operationen lange dauern werden. Ist das bewusste Desinformation? Schön, wenn es so wäre, denn Israel hat nicht viel Zeit. Die Vereinigten Staaten werden sehr bald nicht nur einen humanitären Waffenstillstand, sondern eine Einstellung der Militäraktion insgesamt fordern. Das hat bisher niemand offen ausgesprochen, aber dieser Eindruck verstärkt sich immer mehr. In diesem Zusammenhang scheint mir die Warnung von Außenminister Anthony Blinken bei seinem heutigen Besuch, dass die Vereinigten Staaten sehr bald eine Waffenruhe fordern werden, um humanitäre Hilfe für die Enklave zu ermöglichen, für die militärischen Ziele Israels von viel größerer Bedeutung zu sein als Nasrallahs Getöse. Die USA lassen MQ-9-Drohnen über Gaza fliegen, um Israel bei der Suche nach den Geiseln zu helfen.

Israel kann allerdings auf die Unterstützung der Vereinigten Staaten zählen angesichts der weltweiten Anti-Israel-Koalition, die sich gerade herausbildet. Im Moment ist diese Koalition vor allem auf dem Gebiet der Propaganda und bei der Lieferung einiger Waffensysteme an die Hamas aktiv. Beteiligt sind neben dem Iran, der sich voll gegen das «zionistische Gebilde» engagiert, dessen Verbündeter Russland (seit dem Ukraine-Krieg) und in zunehmendem Maße auch China. Diese drei Mächte sind in erster Linie in einer globalen Konfrontation mit den USA vereint. Neben allen anderen Gründen ist diese globale Dimension der Hauptgrund für die amerikanische Unterstützung Israels im aktuellen Konflikt.

Als ob das alles noch nicht genug wäre, ist in Israel ein Positionspapier des Militärgeheimdiensts publik geworden, in dem die Umsiedlung der palästinensischen Bevölkerung aus dem Gazastreifen in den nördlichen Sinai vorgeschlagen wird: eine idiotische Idee, die in Ägypten und bei allen möglichen internationalen Hilfsorganisationen für einen Aufschrei gesorgt hat. Sie zeigt, dass niemand weiß, wie eine tragfähige Nachkriegslösung aussehen könnte.

Die israelischen Ankündigungen eines bevorstehenden langen Kampfes könnten Desinformation gewesen sein, denn jüngste Nachrichten deuten auf eine gewisse Panik in den Reihen der Hamas hin. Die Organisation versuchte, ihre Leute unter die amerikanischen Bürger zu schmuggeln, die über den Grenzübergang Rafah nach Ägypten ausreisen durften; einige ihrer Mitglieder versuchten, in einem Krankenwagen zu fliehen, den Israel bombardierte. Das Schifa-Hospital und sein unterirdisches Hauptquartier, wo sich Jahia Sinwar, der Anführer der Hamas im Gazastreifen, aufhält, sind offenbar umstellt.

4. November 2023

Es ist unmöglich, inmitten dieser erbitterten Kämpfe zu wissen, welche israelischen Operationen militärisch notwendig sind und welche von der schieren Gleichgültigkeit gegenüber zivilen Opfern diktiert werden. Es scheint, dass einige Operationen, wie die Bombardierung des Flüchtlingslagers Dschabalia, eher mit Letzterem zu tun haben als mit Notwendigkeit. Wie sagte Talleyrand über die Ermordung des Herzogs von Enghien: «Es ist schlimmer als ein Verbrechen, es ist ein Fehler!»

Letztlich werden die Entscheidungen, die das Militär umsetzt, auf politischer Ebene getroffen, und wie viel, so frage ich mich immer wieder, hat Netanjahu dort zu sagen? Ich habe ihn als einen vorsichtigen Politiker beschrieben. Das war er auch in der Vergangenheit. Aber haben ihn die Katastrophe vom 7. Oktober und die Verantwortung, die er dafür trägt, so sehr verändert, dass er die Appelle der USA zu größerer Vorsicht bei der Entfesselung jeglicher Gewalt zurückweist? Das könnte sein. Dann läuft Israel Gefahr, dass es erneut den Preis für Netanjahus Bedürfnis zahlt, sich durch eine weitere Reihe von Fehleinschätzungen zu rechtfertigen. Oder kann man sich auf die besonnenen Mitglieder des Kriegskabinetts verlassen, die ihm sagen, wann es genug ist?

Am Samstag wurden in Jerusalem, Caesarea und vielen kleineren Orten die Demonstrationen gegen Netanjahu mit Forderungen nach seinem Rücktritt fortgesetzt. Die Menschen, die am 7. Oktober Angehörige verloren haben oder deren Angehörige an diesem Tag als Geiseln genommen wurden, machen ihn dafür verantwortlich. Die Freilassung der Geiseln ist ein offensichtliches Ziel Israels, wobei nicht klar ist, welcher Preis für ihre Freilassung zu zahlen sein wird.

Bislang ist offenbar kein arabisches Land bereit, sich an die Seite der Hamas zu stellen, nicht einmal mit Worten. Will man die Enthaltung von Abdel Fattah al-Sisi verstehen, muss man sich daran erinnern, dass Ägyptens Politik gegenüber dem jüdischen Staat seit Nassers unseliger Kriegstreiberei und seit Anwar Sadats zunächst erfolgreichem Krieg vom Oktober 1973 ausgesprochen friedlich war. Die Rolle Sadats bei dieser entscheidenden Abkehr von der Politik seines Vorgängers kann nicht genug betont werden.

Wie Rabin einige Jahre später bezahlte Sadat 1981 den Preis für seine Friedenspolitik mit dem Leben. Sein Nachfolger, Hosni Mubarak, setzte Sadats Politik dann fort, bis er 2011 im Zuge des Arabischen Frühlings gestürzt wurde.

Es scheint unwahrscheinlich, dass die kriegerische Haltung der Muslimbruderschaft, die von 2013 bis 2014 kurzzeitig einen der ihren, Mohammed Mursi, an die Macht brachte, bei einer wachsenden Mittelschicht, die von einer auf wirtschaftliche Entwicklung und nicht auf islamistische Militanz ausgerichteten Politik nur profitieren kann, auf großes Echo stieß. Auf jeden Fall verfolgt al-Sisi, der 2014 zum Präsidenten ernannt wurde, in dieser Hinsicht eine äußerst vorsichtige Politik.

5. November 2023

Ich war etwas erstaunt über die ausgesprochen positive Resonanz auf mein «israelisches Tagebuch», das vor zehn Tagen in Deutschland als Buch erschienen ist. Nun scheint sich die wirkliche Meinung durchzusetzen: Es gibt wohl keinen Rückhalt für den Vorschlag einer Zweistaatenlösung im Konflikt zwischen Israel und den Palästinensern. Doch wie auch immer man es betrachtet: Eine andere Lösung ist nicht realistisch.

Zufällig wurde heute im Internet ein interessanter Vorschlag gepostet, der offenbar von einem hochrangigen (pensionierten) Mitglied des Mossad stammt. Seine Idee ist, kurz gesagt, dass Jordanien nach Beendigung des Gaza-Krieges ein aktiver Partner bei den möglichen Verhandlungen über die Zukunft der besetzten Gebiete und des Gazastreifens werden sollte. Anstelle von direkten Gesprächen mit der Palästinensischen Autonomiebehörde, die sich als aussichtslos erwiesen haben, sollten die Verhandlungen mit einer jordanisch-palästinensischen Konföderation geführt werden, die sowohl für das Westjordanland als auch für den Gazastreifen zuständig wäre. Der Autonomiegrad der palästinensischen Entität innerhalb einer solchen Konföderation sollte in Vereinbarungen zwischen Jordanien und den Palästinensern festgelegt werden.

Das klingt nach einem sehr vernünftigen Schritt hin zu einer Lösung der palästinensischen Frage, er bedarf allerdings der Zustimmung Jordaniens und der Palästinenser. Zuallererst freilich braucht es eine andere israelische Regierung – eine Vorbedingung, die der Autor erwähnt – und eine akzeptable Lösung der Siedlungsfrage. All dies ist mit immensen Schwierigkeiten verbunden, aber es ist besser als eine endlose Pattsituation mit regelmäßigen Gewaltausbrüchen.

Netanjahu spielt ganz offensichtlich auf Zeit. Er lehnt die humanitäre Feuerpause ab, tut alles, um als harter Führer seines umkämpften Landes zu erscheinen, nennt Sinwar «einen kleinen Hitler in seinem Bunker», kurzum: Er ist bereit, die Interessen Israels zu opfern, indem er das enge Bündnis mit den Vereinigten Staaten gefährdet, weil er die humanitäre Feuerpause ablehnt, und das alles nur, um seine politische Haut zu retten. Er ist schamlos und verabscheuenswürdig.

Wie widerwärtig er ist, hat er heute erneut bewiesen. Er erklärte, Sinwar habe uns wegen der Dienstverweigerung von Piloten und anderen Eliteeinheiten angegriffen, weil sie gegen die Justizreform seien. Verteidigungsminister Galant erklärte daraufhin, dass derartige Anschuldigungen in Kriegszeiten das Land schwächen würden. Netanjahu machte daraufhin einen Rückzieher.

Seltsamerweise gab es dieses mangelnde Vertrauen in die Führung des Landes 1973 noch nicht in diesem Ausmaß. Ich war an jenem Jom-Kippur-Tag in Jerusalem, als der Schock kam, doch dann organisierte sich unsere Pugwash-Gruppe an der Hebräischen Universität, um das Außenministerium bei seinen Informationsbemühungen zu unterstützen. Am 10. Oktober wurde ich nach Frankreich geschickt, um unser Narrativ zu vermitteln. Es wurde allgemein akzeptiert, sogar von der Linken. Und in all diesen Tagen wollte man Golda nicht zur Verantwortung ziehen, obwohl sie verantwortlich war, das auch wusste und zurücktrat. Was für ein Unterschied!

Die *New York Times* machte den israelischen Vorschlag publik, den ich bereits vor einigen Tagen erwähnte, nämlich einige hunderttausend Palästinenser aus dem Gazastreifen auf den Sinai umzusiedeln. Die USA, Großbritannien und natürlich Ägypten haben diesen Vorschlag abgelehnt, der aus dem harten Kern des Likud stammt (und nicht vom Militärgeheimdienst, wie zuerst verkündet wurde). Es handelt sich um einen irrsinnigen Vorschlag, der nur zu einem wachsenden Zerwürfnis mit Ägypten führen kann. Das kann Israel im Moment nun wirklich gar nicht gebrauchen!

Es scheint, dass die US-Regierung ihren eigenen Plan für die Zeit nach dem Krieg in Gaza hat, den Außenminister Blinken bei seinem derzeitigen Besuch mit Mahmud Abbas erörterte. Dem US-Plan zufolge soll die Palästinensische Autonomiebehörde nach dem Krieg den Gazastreifen verwalten. Abbas wird diesen Vorschlag akzeptieren, wenn er mit der Gründung eines unabhängigen Palästinenserstaats einhergeht. Wie wird Israel reagieren? Die derzeitige Koalition wird den Vorschlag natürlich ablehnen. Bedeutet das, dass der Plan von vornherein tot ist, oder werden die USA zusammen mit einer Mehrheit der Israelis versuchen, die derzeitige Koalition loszuwerden? Das ist nicht auszuschließen.

Das Pentagon gab bekannt, dass ein Atom-U-Boot ins

Mittelmeer entsandt wurde. Eine vor einigen Tagen durchgeführte Umfrage zeigt jedoch, dass eine Mehrheit der Amerikaner eine erneute Kandidatur des Präsidenten bei den kommenden Wahlen nicht befürwortet, insbesondere wegen seines Alters.

6. November 2023

Gestern fanden überall in den USA, insbesondere in Washington, pro-palästinensische Demonstrationen statt. Wären da nicht der Ruf «From the river to the sea ...», der die Auslöschung Israels impliziert, und die verbreiteten antiisraelischen Parolen, die sich mit dem massiven Wiederaufleben des Antisemitismus vermischen, könnte man der Forderung nach einer humanitären Pause der Bombardierungen in Gaza zustimmen. Aber was ist mit den Geiseln? Was sind die Bedingungen für ihre Freilassung? Ist das Argument Israels, dass nur wachsender militärischer Druck zu ihrer Freilassung führen wird, haltbar, wenn die Militäroperationen monatelang andauern müssen, was kein Ende der zivilen Opfer in der Enklave bedeutet? Ich gebe zu, dass ich mich in der gegenwärtigen Zwickmühle unglücklich fühle.

Sicher ist, dass die Angriffe der Siedler auf die Palästinenser im Westjordanland aufhören müssen, aber niemand scheint einen Finger zu rühren. Und werden wir uns wieder eine Idee des Knessetabgeordneten Amihai Eliyahu anhören müssen, der den Abwurf einer Atombombe auf Gaza vorschlug und dafür einen Monat lang suspendiert wurde? Leider gibt es in der heutigen israelischen Politik mehr als nur einen Verrückten.

Die IDF-Bodentruppen in Gaza melden, dass sie ein wichtiges unterirdisches Lager der Hamas eingenommen und dabei einen hochrangigen Hamas-Führer getötet haben.

Südafrika rief seinen Botschafter aus Israel zurück. Die zunehmende diplomatische Isolierung Israels unter den nicht-westlichen Ländern ist so lange zu ertragen, wie die Vereinigten Staaten Israel den Rücken freihalten. In Washington ist der «progressive» Teil der Demokraten so lautstark wie eh und je und droht dem Präsidenten am Wahltag mit schlimmen Folgen für seine Pro-Israel-Politik. Ein solches Ergebnis ist in einem «Swing State» wie Michigan mit seinen 200 000 arabisch-amerikanischen Einwohnern durchaus real; kaum einer von ihnen, so die Forscher, würde heute Joe Biden unterstützen. In Westeuropa sind Irland und Norwegen derzeit die einzigen Länder, die sich offen gegen Israel aussprechen, Irland in extremerer Form, Norwegen mit größerer Zurückhaltung.

Die USA können von Israel mehr Nachgiebigkeit verlangen, wenn es um eine humanitäre Feuerpause geht, aber sie können ihre Pro-Israel-Politik nicht aufgeben, und zwar schon deshalb nicht, weil Israels Hauptfeinde, neben Ländern wie dem Iran, auch traditionelle und aktuelle Feinde der Vereinigten Staaten sind: Russland und sein Krieg gegen die Ukraine, China mit seiner ständigen Bedrohung Taiwans. Ob man will oder nicht, der globale Kontext der Beziehungen zwischen Israel und den USA ist eine Tatsache.

Die IDF-Bodentruppen sind in der Nähe des Schifa-Krankenhauses im Einsatz. Das Krankenhaus liegt über den Tunneln, in denen die Hamas ihr Hauptquartier versteckt haben soll.

7. November 2023

Der Nebel des Krieges ist dichter denn je. Wir wissen nur, dass die IDF-Bodentruppen im Herzen von Gaza-Stadt kämpfen, in der Nähe des Schifa-Krankenhauses, d. h. in der Nähe des Hamas-Hauptquartiers. Ironischerweise wurde das Krankenhaus von israelischen Architekten gebaut, und zwar in den 1970er Jahren, als Israel den Gazastreifen besetzte. Aber die Tunnel unterhalb des Krankenhauses wurden nicht von Israel gebaut ... Wir wissen nicht, ob die Kämpfe die Tunnel erreicht haben.

Dass Israels Krieg gegen die Hamas in einem dicht besiedelten urbanen Umfeld stattfinden muss, mit unzähligen unschuldigen Opfern, ist höchst bedauerlich, aber unvermeidlich. Dass die Hamas das zivile Umfeld nutzt und das unmenschliche Verhalten Israels ständig in der Welt verbreitet, entspricht ihrem Verhalten von Anfang an. Dass Israel einen Feldzug führen muss, dessen Ziel es ist, die Fähigkeit der Hamas zu zerstören, einen Angriff wie den vom 7. Oktober zu wiederholen, ist offensichtlich. Dass der Großteil der öffentlichen Meinung im Westen diese Notwendigkeit willentlich ignoriert und sich gewaltsam gegen Israel wendet, ist schwer zu ertragen. Dass diese Meinung ihren Hass auf Israel mit einem immer deutlicher werdenden Antisemitismus vermengt, ist abscheulich. Dass der israelische Botschafter bei den Vereinten Nationen es für nötig hält, den gelben Stern aus Nazi-Zeiten auf seinem Mantel zu tragen, ist schlichtweg dumm, weil es den Unterschied zwischen damals und heute ignoriert.

Im israelischen Kriegskabinett scheint es Meinungsverschiedenheiten zu geben. Während Verteidigungsminister Galant erklärte, er sehe keine Möglichkeit, die Kämpfe zu unterbrechen, erklärte Minister Gantz, man werde alles tun, um die Freilassung der Geiseln zu erreichen, entweder mit militärischen oder mit politischen Mitteln. Später wurde bestätigt, dass Gantz vorgeschlagen hatte, eine gemeinsame Pressekonferenz abzuhalten, was Netanjahu jedoch ablehnte. So hielten Gantz und Galant jeder für sich eine Pressekonferenz ab, während der Premierminister in Abwesenheit von Journalisten sprach und wie üblich eine sehr allgemeine Erklärung über die Notwendigkeit abgab, dass Israel die Sicherheitslage in Gaza nach dem Krieg auf unbestimmte Zeit kontrollieren müsse. So sieht die nationale Einheit unseres Kriegskabinetts aus.

8. November 2023

Als hätten wir nicht schon genug Probleme, mangelt es offensichtlich an Vertrauen zwischen Netanjahu und den Befehlshabern der Streit- und Sicherheitskräfte. Das könnte sich heute Abend bei der hochrangigen Konferenz zur Lage im Westjordanland erneut zeigen. Während die beiden Fanatiker Smotrich und Ben-Gvir noch extremere Maßnahmen gegen die Palästinenser im Westjordanland fordern, wollen die Mitglieder des Kriegskabinetts, darunter Eisenkot, Gantz und Galant, sowie die obersten Befehlshaber die Lage der palästinensischen Bevölkerung entspannen. Es wird berichtet, dass Netanjahu dieses

Treffen nutzen wird, um den Generalstabschef und den Leiter des Schin Beth zu kritisieren.

Es bleibt unklar, ob die Bodenoperation im Gazastreifen die Tunnel erreicht hat oder ob noch an der Oberfläche gekämpft wird. Aus gut unterrichteten Quellen geht hervor, dass es der Hamas bisher gelungen ist, den größten Teil ihrer Kräfte zu behalten, und dass die IDF viel mehr Zeit brauchen werden, wenn sie die Terrororganisation vollständig zerstören wollen. Die nötige Zeit zu bekommen könnte angesichts des internationalen Drucks und insbesondere angesichts der Anfälligkeit der USA für innenpolitische Zwänge schwierig werden. Die Lösung könnte in taktischen Pausen bei den Operationen bestehen, die es ermöglichen, dass mehr humanitäre Hilfe zur Bevölkerung gelangt, ohne dass ein allgemeiner Waffenstillstand erforderlich ist, der die militärischen Ziele Israels ernsthaft gefährden würde. Die Hamas war offenbar bereit, im Gegenzug für eine dreitägige Kampfpause 10 bis 15 Geiseln freizulassen. Israel fordert die Freilassung von viel mehr Geiseln und eine kürzere Waffenruhe.

Ich bin angesichts dieser Situation zutiefst deprimiert. Nach den verfügbaren Informationen ist die Hamas noch lange nicht zerschlagen, und wenn wir die Situation insgesamt betrachten, steht Israel vor einer Reihe äußerst schwieriger innerer und äußerer Herausforderungen, die möglicherweise bereits den allgemeinen Verlauf des Krieges beeinflussen.

Intern ist das Land durch zwei Gräben gespalten: Erstens wollen die Familien der Geiseln, dass die Rückkehr ihrer Angehörigen ein strategisches Ziel ist, aber das passt wahrscheinlich nicht zu den strategischen Zielen der IDF;

es heißt oft, dass nur militärischer Druck die Hamas zwingen wird, alle Geiseln freizulassen, aber danach sieht es nicht aus. Ein allgemeiner Austausch sämtlicher Palästinenser, die von Israel in Gefängnissen festgehalten werden, gegen alle Geiseln scheint machbar, würde aber einen psychologischen und militärischen Erfolg für die Hamas bedeuten. Diese Option wurde von Israel abgelehnt.

Die zweite Kluft ergibt sich aus dem mangelnden Vertrauen zwischen Netanjahu und einem Teil seiner Koalition auf der einen Seite und den Militär- und Sicherheitschefs auf der anderen Seite. Das macht sich in der Politik gegenüber den besetzten Gebieten bemerkbar und könnte sich auf den Krieg insgesamt auswirken. Was diese zweite Spaltung und die Demonstrationen vor dem Haus von Netanjahu betrifft, so ist festzustellen, dass das tiefe Misstrauen der meisten Israelis gegenüber der derzeitigen Koalition und ihrem Vorsitzenden ungeachtet des Krieges wieder auflebt.

Die äußere Herausforderung wurde schon die ganze Zeit erwähnt. Es ist der wachsende Druck in Sachen humanitärer Feuerpausen, die in einen Waffenstillstand münden und es der Hamas ermöglichen könnten, sich neu zu formieren und ihr Arsenal aufzufüllen.

Die brasilianischen Behörden vereitelten einen Terroranschlag der Hisbollah auf Synagogen. Der entscheidende Hinweis darauf stammte vom Mossad.

9. November 2023

Nach zehnstündigem Kampf übernahm eine Einheit der Nahal-Brigade die Kontrolle über einen unterirdischen Hamas-Tunnel im Nordosten des Gazastreifens. Sie fand umfangreiches nachrichtendienstliches Material sowie die Schlachtpläne der Organisation und tötete den Hamas-Kommandeur für Panzerabwehroperationen. Gestern wurden weitere 50 000 Bewohner des nördlichen Gazastreifens in den Süden evakuiert, viel mehr als in den Tagen zuvor.

Deutschland hat alle palästinensischen Organisationen verboten, die die Hamas unterstützen, insbesondere die palästinensische Samidoun, die die Jubelfeiern für den Hamas-Terroranschlag vom 7. Oktober organisiert hat. Welch ein Unterschied zum Vereinigten Königreich. Der offene Antisemitismus in diesem Land ist wirklich widerwärtig. Was ist aus dem Land geworden, das wir geliebt haben?

In einem Artikel in der *New York Times* bezeichnet Tom Friedman anlässlich eines Besuchs in Israel Netanjahu als «den schlechtesten Regierungschef, den Israel je hatte», da er um der Aufrechterhaltung seiner rechtsextremen Koalition willen jede Möglichkeit einer Zweistaatenlösung ablehnt, die nicht nur die Unterstützung der gemäßigten Palästinenser finden würde, sondern Israel auch die offene Unterstützung der gemäßigten arabischen Staaten verschaffen würde, die ihm jetzt fehlt. Präsident Biden würde sie die politische Rechtfertigung für eine uneingeschränkte Unterstützung Israels liefern. Friedman hat absolut Recht, und hoffentlich wird das Land Bibi bei der ersten Gelegenheit loswerden. Die Wut jedenfalls ist groß genug, um den Premierminister zehnmal abzusetzen. Meine Sorge ist, dass selbst eine gemäßigte Mitte-links- oder Mitte-rechts-Koalition die Zweistaatenlösung von vornherein ablehnen wird. Der Vorschlag für eine solche Lösung muss mit eindeutigen Sicherheitsgarantien und einer klugen schrittweisen Umsetzung einhergehen, insbesondere im Lichte des Traumas vom 7. Oktober.

Es ist schwer zu sagen, wie weit die Hamas oder der Islamische Dschihad die palästinensische Bevölkerung des Westjordanlands infiltriert haben. Die wiederholten israelischen Operationen in Dschenin deuten darauf hin, dass sich in der Stadt und im Flüchtlingslager Terrorzellen festgesetzt haben. Heute haben israelische Streitkräfte 14 Terroristen in der Stadt und vier weitere bei Zusammenstößen in anderen Teilen des Westjordanlands getötet. Eine starke Präsenz der Hamas in den besetzten Gebieten würde die Zweistaatenlösung fast unmöglich machen. Das ist es, was die Hamas will, und das ist es auch, was sich Leute wie Smotrich und Ben-Gvir wünschen.

Israel hat vierstündigen Kampfpausen pro Tag zugestimmt, damit die Bewohner des nördlichen Teils der Enklave in den Süden evakuiert werden können. Die USA und Katar haben offenbar eine Vereinbarung über die Freilassung von Dutzenden von Geiseln getroffen; die Hamas will die Freilassung einer Reihe (wir wissen nicht, wie vieler) ihrer Gefangenen aus israelischen Gefängnissen. Die Vereinbarung hängt von einer Einigung über die konkreten Zahlen ab.

10. November 2023

Außenminister Anthony Blinken sagte es in Neu Delhi, und die *New York Times* zitierte ihre eigenen Quellen: Die USA werden ungeduldig. Das Ganze zieht sich zu lange hin, zu viele Zivilisten werden getötet, das Risiko eines größeren Konflikts wächst, kurzum, die amerikanische Unterstützung stößt an ihre Grenzen. Was wird Israel tun? Es kann sich nicht allein gegen die ganze Welt stellen, aber es kann auch nicht seine militärischen Operationen einstellen und der Hamas den Sieg überlassen. Einen Waffenstillstand akzeptieren? Die Art der Operationen ändern und zu weniger massiven Kämpfen übergehen? Ist das möglich? Unterdessen berichten israelische Militärkorrespondenten an der Front in Gaza, dass die Disziplin in den Reihen der Hamas nachlässt und dass einige ihrer Leute fliehen. Könnte das der Anfang vom Ende sein? Seit Beginn der Bodenoffensive im Gazastreifen sind 38 israelische Soldaten getötet worden.

Die Szenen aus dem Al-Schifa-Krankenhaus und seiner Umgebung sind herzzerreißend. Die Not der palästinensischen Zivilisten ist schrecklich, aber Israel ist davon überzeugt, dass die Hamas ihr Hauptquartier in Tunneln eingerichtet hat, die bewusst unter dem Krankenhausgelände angelegt wurden, und dass sich Jahia Sinwar, der Hamas-Chef, dort verschanzt hat. Die Zeit wird zeigen, ob das stimmt, aber bis dahin werden Zivilisten getötet.

Die Verhandlungen in Katar über den Austausch von Geiseln gegen Hamas-Häftlinge in Israel gehen weiter, aber die Informationen über Vereinbarungen sind widersprüchlich.

Nach einer Umfrage des Israel Democracy Institute fühlen sich 70 Prozent der israelischen Araber in der gegenwärtigen Kriegszeit dem Land verbunden; im Juni lag die Identifikation nur bei 40 Prozent. Seltsam, aber ermutigend. Andererseits zeigte eine Mitte Oktober durchgeführte Umfrage des Israeli Peace Institute der Universität Tel Aviv einen starken Anstieg der ablehnenden Haltung unter den israelischen Juden. Hatten sich im September noch über 40 Prozent der Befragten für Verhandlungen mit der Palästinensischen Autonomiebehörde über ein Friedensabkommen ausgesprochen, sank dieser Anteil im Oktober auf 24 Prozent. Das war zu erwarten.

Jedes Mal, wenn ich sehe oder höre, dass im Zusammenhang mit dem laufenden Krieg auf den Holocaust Bezug genommen wird, erschaudere ich. Wenn pro-palästinensische Demonstranten diesen Begriff verwenden, ärgere ich mich vor allem über ihre Dummheit und ihre völlige Unkenntnis dessen, wovon sie sprechen; wenn unsere Leute den Holocaust als Vergleich für das heranziehen, was diese oder jene Person gesagt oder getan hat, empfinde ich Scham und Abscheu angesichts dieser mutwilligen Instrumentalisierung von Naziverbrechen zur Verunglimpfung unserer derzeitigen Gegner.

11. November 2023

Eine halbe Million anti-israelische Demonstranten in London. Die britische Innenministerin Suella Braverman sprach von einer Demonstration des Hasses. Sie hat Recht: Die Demonstranten zeigten extrem antisemitische Plakate, auf denen sie Gaza mit Auschwitz und Netanjahu mit Hitler verglichen. Neben anderen antisemitischen Plakaten war ein Klassiker des Judenhasses zu sehen: eine in den israelischen Nationalfarben gemalte Schlange, die die Weltkugel umschlingt, um sie zu beherrschen und zu erdrücken. Ist dieser intensive englische Hass vor allem auf die beträchtliche muslimische Bevölkerung zurückzuführen, oder erleben wir gerade das Erwachen eines sehr alten und schlafenden Hasses, der unter dem Eindruck des muslimischen Tsunamis entstanden ist? Jeremy Corbyn, der frühere Labour-Führer und notorische Antisemit, hielt vor der Menge eine Rede.

Hat das britische Beispiel den französischen Präsidenten beeinflusst, der nach einer anfänglichen Freundschaftsbekundung für Israel in einem Interview mit der BBC unerwartet eine dezidiert anti-israelische Position einnahm, als er einen Waffenstillstand im Gazastreifen forderte und Israel beschuldigte, bei seiner rücksichtslosen Bombenkampagne Frauen und Kinder zu ermorden? Oder ist Macron in Sorge über potenzielle Unruhe unter Frankreichs großer Bevölkerung mit nordafrikanischen Wurzeln?

Eine weitere Demonstration des Hasses fand in Riad statt, wo ein zweitägiges Treffen der Arabischen Liga und der Organisation für Islamische Zusammenarbeit eröffnet wurde. Die aggressive Rhetorik in Riad ist nicht neu, aber der Handschlag des saudischen Führers Mohammed bin Salman und des iranischen Führers Ebrahim Raisi könnte zu einem islamischen Block führen, der Israel gefährlich werden könnte.

Im Gazastreifen wird der Kampf noch lange dauern – entgegen meinem Optimismus hier und da –, da die Hamas immer noch den wesentlichen Teil des etwa 500 Kilometer langen Tunnelsystems kontrolliert, das für etwa eine Milliarde Dollar gebaut wurde, und über Reserven an Treibstoff und Lebensmitteln verfügt, die für eine sehr lange Zeit reichen können.

Eine Reihe von Umfragen beweist einmal mehr, dass das Vertrauen der israelischen Öffentlichkeit in die derzeitige Regierung und ihren Chef auf einem historischen Tiefstand ist. Die Befragten haben erkannt, welcher Schaden durch den Versuch eines Justizumbaus angerichtet wurde. Zugleich zeigen die Umfragen, dass die Menschen volles Vertrauen in die Armee haben und sich eine aggressive Mitte-rechts-Regierung unter Gantz wünschen. Für Verhandlungen mit den Palästinensern gibt es kaum Unterstützung.

Gestern verließen etwa 80 000 Palästinenser den nördlichen Gazastreifen in Richtung Süden, die bisher größte Zahl täglicher Evakuierungen. Auf Videos, die vor Ort aufgenommen wurden, sieht man Hamas-Leute, die versuchen, die Menschen an der Flucht zu hindern, offenbar ohne Erfolg.

Auf der heutigen Pressekonferenz von Netanjahu, Galant und Gantz wurde nichts Neues gesagt. Diese ungewöhnliche Konferenz der drei zusammen wurde wahrscheinlich einberufen, um zu zeigen, dass Netanjahu Teil der gemeinsamen politischen und verteidigungspolitischen Front ist, die den Sieg bringen wird. Tatsächlich war der einzig interessante Aspekt des Treffens ein Foto, auf dem sich Galant und Gantz bei einer freundlichen Begrüßung an den Schultern fassten, während keiner von ihnen Netanjahu gegenüber eine solche Geste machte. Das sagt mehr als viele Worte über die Einigkeit aus, die der Premierminister verzweifelt zu demonstrieren versucht. Netanjahu wiederholte bei dieser Gelegenheit, dass die IDF nach dem Krieg für die Sicherheit in der Enklave Gaza zuständig sein würden, eine Position, die dem amerikanischen Wunsch zuwiderläuft, der Palästinensischen Autonomiebehörde im Rahmen einer Lösung der Palästinafrage die volle Verantwortung für die Enklave zu übertragen.

12. November 2023

Heute findet in Paris eine Demonstration gegen Antisemitismus statt. Präsident Macron unterstützt die Kundgebung, nimmt aber nicht daran teil. Die rechtsextreme Politikerin Marine Le Pen wird daran teilnehmen, was die Linke dazu veranlasst hat, die Veranstaltung zu boykottieren.

Vertreter französischer jüdischer Organisationen äußerten ihren Unmut über die Teilnahme Le Pens und erinnerten daran, dass ihr Vater, der Gründer des «Front National», ein extremer Antisemit und Nazi-Kollaborateur war.

Frankreichs Premierministerin Elisabeth Borne wird eine Rede halten. Macron rief Präsident Herzog an und entschuldigte sich mehr oder weniger für die gestrigen Äußerungen.

Die Situation in den Krankenhäusern des Gazastreifens ist schwer zu ertragen. Was ließe sich tun, um sie zu entschärfen, ohne die israelischen Bemühungen zu behindern, die Stellungen der Hamas in oder unter den Gebäuden zu erreichen? Es gibt keine konkreten Nachrichten über die Bodenoperation in der Nähe des Schifa-Hospitals.

Die *New York Times* brachte heute einen langen Artikel über das Gemetzel in der Nähe des Musik- und Tanzfestivals von Re'im am 7. Oktober. Darin wird ausführlich die Flucht einer Gruppe beschrieben, die versuchte, sich in einem Bunker zu verstecken, der an der aus Re'im herausführenden Straße gebaut worden war. Die Hamas fand sie und tötete die meisten von ihnen, wobei sie auch einige Geiseln mitnahm. Ein Überlebender erzählte die Geschichte. Einige der verkohlten Leichen wurden vor ein paar Tagen gefunden, waren aber so ineinander verschlungen, dass eine Identifizierung fast unmöglich war.

In einer Reihe von Interviews mit amerikanischen Sendern weigerte sich Netanjahu einmal mehr, die Frage nach seiner Verantwortung für die Ereignisse vom 7. Oktober zu beantworten. Hat jemand diese Frage Roosevelt nach Pearl Harbor gestellt? Hat das jemand Bush nach 9/11 gefragt? Das waren seine Standardantworten. Er versprach, dass nach dem Krieg alle Fragen geklärt würden, auch die nach seiner Verantwortung. Wir wissen, wie er sich verteidigen wird: Niemand in der Armee oder im gesamten Verteidigungs- und Sicherheitsapparat hat eine

Warnung ausgesprochen. Wie hätte er also etwas wissen sollen?

Indem er zum x-ten Mal erklärt, dass Israel nach dem Krieg die Kontrolle über die Sicherheit im Gazastreifen behalten werde, will Netanjahu als der starke, unbestechliche Führer erscheinen, der er vor dem 7. Oktober nicht war. Aber er läuft in eine Falle, die die Amerikaner seit Irak und Afghanistan gut kennen. Wenn Israel sich weigert, die Macht mit der Palästinensischen Autonomiebehörde zu teilen und ihr die Perspektive der Zweistaatenlösung zu versprechen, wird es zwangsläufig mit einer zunehmenden Radikalisierung der Palästinenser im Gazastreifen und im Westjordanland und der Wiedergeburt der Hamas konfrontiert sein, und sei es auch unter einem anderen Namen. Niemand kann mit Sicherheit sagen, dass dies nicht in jedem Fall geschieht, aber die Chancen, eine solche Radikalisierung zu vermeiden, sind viel größer, wenn man sich bereit zeigt, das zu unterstützen, was die meisten Palästinenser fordern: einen eigenen Staat. Wenn sich herausstellt, dass die Palästinenser die Befreiung Palästinas «from the river to the sea» anstreben, wird Israel die notwendigen Abwehrmaßnahmen ergreifen müssen.

Der *Washington Post* zufolge zeigen Karten und Anweisungen, die bei einer der Hamas-Einheiten gefunden wurden, die am 7. Oktober Israel angriffen, dass das Ziel der Terroristen darin bestand, das Westjordanland zu erreichen, was einen großen Sieg für die Hamas bedeutet hätte, nicht nur gegen Israel, sondern auch gegen die Palästinensische Autonomiebehörde. Aus Sicht der Hamas hätte sie damit ihr Ziel und ihre Fähigkeit, ganz Palästina zu befreien, unter Beweis gestellt.

Ergänzend zu diesem rosigen Bild hat sich in den letzten Tagen gezeigt, dass es zwar ein Kriegskabinett für soziale und wirtschaftliche Angelegenheiten gibt, dass aber rundherum völliges Chaos und Gleichgültigkeit herrschen, als ob es keinen Krieg gäbe und keine dringenden Probleme zu lösen wären. Kurz gesagt, die Verantwortlichen schlafen tief und fest, und Finanzminister Smotrich hat dringendere Angelegenheiten zu erledigen.

13. November 2023

Einhundert Beamte des US-Außenministeriums haben ein Dokument unterzeichnet, in dem sie sich mit der Politik des Präsidenten im Krieg zwischen Israel und der Hamas nicht einverstanden erklären und Joe Biden vorwerfen, Fehlinformationen zu verbreiten, als er drei Tage nach dem Angriff der Hamas diesen als das «reine Böse» bezeichnete. Genau das aber ist es. Interessant ist, dass das Außenministerium traditionell antiisraelisch und im Zweiten Weltkrieg antisemitisch (Breckinridge Long) war, als es versuchte, die Einwanderung von Juden, die um ihr Leben flohen, in die Vereinigten Staaten zu verhindern.

Es ist irritierend, ein wenig beunruhigend und auf jeden Fall traurig, dass diese beträchtlichen Mengen an Antisemitismus plötzlich an den verschiedensten Stellen auftauchen, wie zum Beispiel im Außenministerium. Es ist nicht mehr so beängstigend, wie es jahrhundertelang der Fall war, aber doch irritierend. Warum dieser Hass? Ich werde mich hier nicht an einer Antwort versuchen: Eine solche erfordert mehr als nur ein paar Sätze, und sie verlangt eine Menge Nachdenken. Abgesehen vom Fall des Außenministeriums gibt es den berüchtigten Fall der Harvard-Studentenorganisationen; Letzterer allerdings hat die Reaktion von etwa 1600 jüdischen Alumni ausgelöst, die nun damit drohen, ihre Spenden einzustellen. Das wird die Universitätsleitung wahrscheinlich verunsichern.

Während sich in den letzten zwei Wochen alle Aufmerksamkeit auf die Kämpfe in Gaza konzentrierte, fand an der israelisch-libanesischen Grenze ein Low-Level-Krieg statt, bei dem sich die Hisbollah und Israel Feuergefechte lieferten, die auf beiden Seiten Opfer forderten.

Eine seltsame Symmetrie: Mehr als siebzig Prozent der Bewohner des Gazastreifens standen der Hamas kritisch gegenüber und wünschten sich ein Friedensabkommen mit Israel, wie eine Umfrage von *Foreign Affairs* kurz vor dem 7. Oktober ergab. Etwa siebzig Prozent der Israelis wollen Netanjahu und seine Koalition loswerden und wünschen sich eine Mitte-rechts-Regierung, wahrscheinlich unter Gantz. Zwar besteht der gleichen Umfrage zufolge kein Wunsch nach Verhandlungen mit den Palästinensern (die Umfrage wurde nach dem 7. Oktober durchgeführt), doch allein die Tatsache, dass wir Netanjahu und seine Koalition loswerden, wird viele Möglichkeiten eröffnen. Das Problem ist in beiden Fällen die Zeit.

Laut Verteidigungsminister Galant hat die Hamas die Kontrolle über den nördlichen Teil des Gazastreifens verloren; die Einwohner plündern die Vorräte der Organisation, und ihre Kämpfer fliehen in den Süden. Wenn das so ist, sollten die Kämpfe bald vorbei sein. Aber wo ist Jihia al-Sinwar? Ich hoffe, dass Galant seine Wünsche nicht für die Wirklichkeit hält.

Ein Vertreter der US-Regierung, der über nachrichtendienstliches Material verfügt, sagte, dass die Hamas eine Kommandozentrale unter dem Schifa-Krankenhaus habe, und bestätigte damit die israelischen Behauptungen. Das wird die antiisraelischen Demonstranten nicht überzeugen, sollte aber einigen anderen zu denken geben. Es schafft außerordentliche Probleme für die laufenden Angriffe. Nach Angaben des israelischen Außenministers haben die IDF noch zwei oder drei Wochen Zeit, bevor die Unterstützung der Verbündeten aufgrund des Verlusts von zivilen Leben schwindet. Wenn die Hamas nicht besiegt wird, was dann?

Die israelischen Streitkräfte sind in das Krankenhaus von Rantisi eingedrungen, wo sie Beweise dafür fanden, dass dort Geiseln festgehalten und dann in einen der mit dem Gebäude verbundenen Tunnel gebracht worden waren. Präsident Biden sprach mit dem Emir von Katar über die Freilassung der Geiseln und den Konflikt, erwähnte aber zu diesem Zeitpunkt keinen Waffenstillstand. Zuvor hatte der oberste US-Sicherheitsberater Jack Sullivan bestätigt, dass die Hamas Krankenhäuser für ihre Operationen nutzt und damit gegen das Kriegsvölkerrecht verstößt.

14. November 2023

Der bewaffnete Flügel der Hamas hat angeboten, im Gegenzug für eine fünftägige Waffenruhe 70 Geiseln freizulassen. Das bedeutet, dass die Hamas in einer schwierigen Lage ist und eine Atempause braucht. Es sieht nicht so aus, als ob Israel einer so langen Pause zustimmen würde.

Die von zwei Knesset-Abgeordneten lancierte Idee eines freiwilligen Bevölkerungstransfers von Gaza-Bewohnern in arabische Nachbarländer, die von Smotrich unterstützt und vom ägyptischen Außenminister wütend zurückgewiesen wurde, ist natürlich ein Rohrkrepierer, der von den israelischen Extremisten der Netanjahu-Koalition stammt.

Die Absichten der Koalition zeigen sich auch in der besonders aggressiven Politik im Westjordanland. Der böse Clown Ben-Gvir fördert diese Politik durch die Ausgabe von Waffen und die Gründung von Selbstverteidigungsgruppen in ganz Israel, insbesondere in den Siedlungen im Westjordanland. Einige der Siedler tragen Armeeuniformen und geben sich als Soldaten aus; meistens werden sie bei ihren Gewalttaten gegen die Bevölkerung von der Armee unterstützt. Gestern erst wurden sieben Palästinenser bei einer der Anti-Terror-Operationen getötet, die Tag für Tag stattfinden und bei denen jedes Mal Hamas-Mitglieder getötet werden. Kurz gesagt, die Koalition will die Kriegssituation ausnutzen, um die besetzten Gebiete auf die eine oder andere Weise vollständig unter Kontrolle zu bekommen. Doch je mehr Druck ausgeübt wird, desto größer wird die Gefahr einer Radikalisierung der Bevölkerung.

Eine Demonstration zur Unterstützung Israels und gegen Antisemitismus wird heute Nachmittag auf der Mall in Washington stattfinden. Es werden Zehntausende von Teilnehmern erwartet. Pro-Israel-Märsche in mehreren europäischen Ländern haben die Unterstützung von rechtsextremen Politikern wie Marine Le Pen in Frankreich oder Suella Braverman in England (gestern von Rishi

Sunak als Innenministerin entlassen) bekommen. Wie bereits erwähnt, ist die israelfreundliche Haltung dieser Unterstützer für sie lediglich eine weitere Möglichkeit, ihren Hass auf Einwanderer, vor allem aus dem Nahen Osten und Nordafrika, zum Ausdruck zu bringen. In den USA gibt es keine Anzeichen für diese spezielle Art von Allianz, aber Israel wird von einer anderen Art der extremen Rechten stark unterstützt: den evangelikalen Christen, und zwar aufgrund ihrer messianischen Erwartungen. Der Messianismus der Evangelikalen passt übrigens nicht so wirklich zu dem von Ben-Gvir und Konsorten … Jüngsten Berichten zufolge haben etwa 300 000 Menschen an dem Marsch in Washington teilgenommen.

Das Weiße Haus hat bestätigt, was Israel immer wieder behauptet: Die Hamas nutzt Krankenhäuser für militärische Zwecke. Es gibt inzwischen kaum noch Zweifel daran, dass die Bodenoperation der IDF in Gaza erfolgreich ist. Aber heißt das, dass die Hamas als Ideologie und sogar als Organisation verschwinden wird? Wenn sie überlebt, muss die Hauptaufgabe darin bestehen, zu verhindern, dass sie erneut zu einer gefährlichen terroristischen Kraft wird, die in der Lage ist, Israel erneut anzugreifen. Aus diesem Grund möchte Netanjahu, dass Israel nach dem Krieg die Kontrolle über die Sicherheit im Gazastreifen behält. Wie lässt sich das erreichen, ohne die Enklave wieder zu besetzen?

15. November 2023

Israelische Bodentruppen drangen in das Schifa-Krankenhaus ein. Außerdem besetzten sie das Parlamentsgebäude der Hamas und andere Orte, die die Kontrolle der Organisation über die Enklave symbolisierten. Ein neuer Vorschlag der Hamas zur Freilassung einiger Geiseln: Fünfzig Frauen und Kinder für drei Tage Waffenstillstand und die gleiche Anzahl von palästinensischen Frauen und Kindern aus israelischen Gefängnissen. Bisher keine Antwort. Israel hat die Lieferung von 25 000 Litern Treibstoff in die Enklave genehmigt. Scharfe Kritik von einigen Koalitionsmitgliedern: «Treibstoff = Waffen».

Die Militäroperationen im Schifa-Hospital, die heute begonnen haben, müssen die Patienten und die Geflüchteten so gut wie möglich schützen. Das ist ein moralisches Gebot und muss Israel auch die Legitimität verschaffen, die es braucht, um der Welt zu zeigen, dass die Hamas solche Einrichtungen systematisch für ihre Angriffe nutzt und sich in den Krankenhäusern versteckt, während sie die Patienten als menschliche Schutzschilde missbraucht.

Die BBC, die Israel im Allgemeinen eher feindlich gesonnen ist, interviewte einen arabischen Arzt und einen Journalisten sowie einige internationale Mitarbeiter des Gesundheitswesens, nachdem ein von Panzern unterstütztes israelisches Kommando das Schifa-Hospital besetzt hatte. Bis jetzt bestätigten alle, einschließlich des Krankenhausdirektors, dass es auf dem Gelände keine Kämpfe gab. Die IDF sind dabei, systematisch die Identität aller Männer zwischen 16 und 40 Jahren zu überprüfen, um sicherzugehen, dass sie nicht Mitglieder der Hamas oder des Dschihad sind. Nach Angaben eines Militärsprechers fanden die Truppen Waffen und Uniformen, die zurückgelassen worden waren, damit die Kämpfer als Zivilisten fliehen konnten, und brachten verschiedene medizinische Hilfsgüter für die Patienten sowie Brutkästen und Babynahrung. Von den Geiseln keine Spur.

Laut Reuters ließ der Oberste Führer des Iran, Ali Khamenei, den politischen Führer der Hamas, Ismail Hanija, der aus Doha nach Teheran gekommen war, um um Hilfe zu bitten, bei einem Treffen vor einigen Tagen wissen, dass der Iran nicht in den Krieg eingreifen werde, da die Hamas ihn nicht über ihren Angriff vom 7. Oktober informiert habe. Mit dem gleichen Argument antwortete Hisbollah-Chef Hassan Nasrallah auf die Bitten der Hamas.

Nach dem US-Kongress wurde nun auch 70 Mitgliedern beider Häuser des britischen Parlaments eine Videoaufzeichnung des Hamas-Angriffs vom 7. Oktober vorgeführt. In beiden Fällen hinterließ die unglaubliche Brutalität dieser Bilder nachhaltigen Eindruck. Allerdings hat allein das Unterhaus 650 Abgeordnete und das Oberhaus mehr als 750. Wahrscheinlich hat kein Mitglied der Labour Party an der Vorführung teilgenommen ... Die stillschweigend oder ausdrücklich negative (oder sagen wir tendenziell negative) Haltung gegenüber Israel und oft auch gegenüber Juden im heutigen Großbritannien bleibt ein Rätsel.

16. November 2023

Der israelische Verteidigungsminister Galant sagt, im Schifa-Hospital seien Beweise für eine Verbindung zwischen der Einrichtung und dem Schicksal der israelischen Geiseln gefunden worden. Es wäre hilfreich, wenn Galant seine häufigen Verlautbarungen ein wenig präziser formulieren könnte. Bislang gibt es keine Beweise dafür, dass sich im Schifa eine Kommandozentrale der Hamas befand, dass sich die Führungsspitze der Hamas dort verschanzt hat usw. Wiederholte Verlautbarungen ohne Beweise helfen der israelischen Informationskampagne nicht, einer Kampagne, die immer wichtiger wird und bis jetzt nicht sonderlich erfolgreich war.

Ein Punkt in Galants Mitteilungen hat sich leider als richtig erwiesen. Die Leiche von Yehudit Weiss aus dem Kibbuz Beeri, die am 7. Oktober als Geisel genommen und deren Ehemann an diesem Tag ermordet wurde, wurde in unmittelbarer Nähe des Schifa-Hospitals entdeckt. Bei Yehudit war vor einigen Monaten Brustkrebs diagnostiziert worden. Sie wurde von ihren Entführern ermordet, und in ihrer Nähe wurden Waffen gefunden.

Israel erlaubte die Lieferung von Treibstoff in den Gazastreifen. Der Generalstabschef erklärte in einem Gespräch mit den Truppen in Gaza, dass Israel bereit sei, seine Operationen auf andere Gebiete in der Enklave auszuweiten. Galant hatte dies bereits zuvor verkündet. Die Ausweitung der Bodenoperationen auf den Süden der Enklave wird in gewissem Maße von der Haltung der USA und dem allgemeinen internationalen Druck abhängen.

Die katastrophale Lage der Bevölkerung muss berücksichtigt werden. Und was ist bei all dem mit den Geiseln? Bislang sind im Zuge der Bodenoperation 48 Soldaten gefallen.

Die Zunahme des Antisemitismus in Westeuropa und in den USA zeigt, dass der Judenhass seit dem Zweiten Weltkrieg und dem Holocaust nur geschlummert hat und unter jedem Vorwand wieder aufleben kann. Dieser Hass ist mit gesellschaftlichen Konflikten vermengt, die damit gar nichts zu tun haben. Juden werden als Unterdrücker dargestellt, die entweder die Palästinenser direkt unterdrücken oder das Geld, das sie angeblich angehäuft haben, zur Unterdrückung jeder möglicherweise benachteiligten sozialen Gruppe einsetzen. Der Antisemitismus ist sicherlich der älteste Hass, und er nimmt kein Ende. Zumindest in den USA reagieren die Juden vehement, auch wenn es keine Möglichkeit gibt, die ständigen Ergüsse bekannter Persönlichkeiten wie etwa Elon Musk zu stoppen.

17. November 2023

Auf amerikanischen Druck hin hat das israelische Kriegskabinett tägliche Treibstofflieferungen für den Gazastreifen genehmigt – was die extremistischen Mitglieder der Koalition erzürnt. Ich habe das Gefühl, dass die Regierung keine klare Vorstellung davon hat, wie die Operationen fortgesetzt werden sollen, wie die Geiseln gerettet werden sollen, wie inmitten des zunehmenden Chaos und Elends in Gaza ein Mindestmaß an amerikanischem und westeuropäischem Wohlwollen aufrechterhalten werden soll, wie die wachsende internationale Feindseligkeit abgewehrt werden soll usw., usw. Vor allem scheint Israel keinen Plan für das Schicksal des Gazastreifens nach dem Krieg zu haben. Zu erklären, man wolle die Kontrolle über die Sicherheit in der Enklave behalten, ist kein Plan. Was für eine Regierungsbehörde ist für Gaza vorgesehen? Keine? Unterdessen können die Siedler im Westjordanland tun und lassen, was sie wollen. Abgesehen davon, dass Netanjahu amerikanischen Sendern Interviews gibt, führt er nirgendwohin. Wie der Chef der Opposition, Lapid, vor einigen Tagen forderte, sollte Netanjahu seinen Hut nehmen.

Die USA warnen Israel, dass die IDF ohne einen Plan für den Rückzug aus dem Gazastreifen nach dem Krieg mit einem langen Guerillakampf konfrontiert sein werden, wie ihn die Amerikaner im Irak und in Afghanistan erlebt haben. Sowohl die USA als auch die gemäßigten arabischen Staaten wollen sicherlich nicht, dass die Hamas an der Macht bleibt, aber die einzige Lösung, die sie haben, ist eine Regierung der Palästinensischen Autonomiebehörde im Rahmen einer Zweistaatenlösung, die Israel – zumindest unter der derzeitigen Regierung – ablehnt. Als möglicher Führer des palästinensischen Staates wird Mohammed Dahlan anstelle des alten und korrupten Mahmud Abbas genannt. Dahlan war einst Sicherheitschef der Fatah in Gaza, bis die Hamas die Fatah-Führung stürzte. 2011 floh er aus dem Gebiet der Palästinensischen Autonomiebehörde und lebt seither im Exil in Abu Dhabi. Er gilt gemeinhin als Rivale von Mahmud Abbas um die Führung eines künftigen palästinensischen Staates, und es versteht sich von selbst, dass es zwischen Abbas und Dahlan keine großen Sympathien gibt.

Sowohl die *New York Times* als auch der *Guardian* äußern heute Zweifel an den bisher von den IDF vorgelegten Beweisen für die militärischen Aktivitäten der Hamas im Al-Schifa-Krankenhaus. Abgesehen von der Leiche von Yehudit Weiss, die in der Nähe des Krankenhauses gefunden wurde, und abgesehen von Waffen und Uniformen, die angeblich Hamas-Kämpfern gehörten, entdeckten die IDF einen Schacht mit Stufen, die zu Tunneln hinunterführten; diese konnten allerdings wegen der Gefahr von Sprengfallen noch nicht genauer erkundet werden. Nur solche handfesten Beweise würden das israelische Eindringen in das Krankenhaus mit seinen Tausenden von Patienten und Flüchtlingen rechtfertigen. US-Geheimdienstquellen bestätigen nach wie vor die IDF-Version. Könnte es sein, dass die *New York Times* Vergeltung an Israel übt, weil es die Zeitung beschuldigt hat, am 7. Oktober, dem Tag des Hamas-Angriffs, freiberufliche Korrespondenten eingesetzt zu haben, die bei der Hamas «eingebettet» waren?

18. November 2023

Netanjahu, Galant und Gantz erklärten auf einer Pressekonferenz, dass sie auf Ersuchen der USA und anderer befreundeter Nationen und auf Empfehlung der Armee und des Schin Beth die tägliche Lieferung von 130 000 Litern Treibstoff an die Enklave genehmigt haben, das Minimum, das notwendig ist, um die Ausbreitung von Krankheiten und andere katastrophale Entwicklungen zu verhindern. Diese Entscheidung ist in den Reihen der Koalition auf Proteste gestoßen. Um die Angelegenheit zu erörtern, wird Netanjahu am Abend das erweiterte Kabinett einberufen.

Die *New York Times* hat bestätigt, dass die IDF eine Kamera in die Öffnung des im Al-Schifa entdeckten Tunnels hinabgelassen haben. Am Ende einer kurzen Treppe befand sich ein etwa 15 Meter langer Durchgang, der zu einer gepanzerten Tür mit einem Schießschlitz führte, durch den man feuern konnte, allerdings nur von innen nach außen.

19. November 2023

Die jemenitischen Huthis haben im Roten Meer ein Frachtschiff gekapert. Das Schiff, die Galaxy Leader, steht irgendwie mit einem israelischen Unternehmen in Verbindung. Die Besatzung wurde als Geisel genommen, aber es befinden sich keine Israelis unter ihnen. Das ist eine Eskalation des Konflikts, auch wenn die vom Iran unterstützten Huthis bereits Raketen auf Israel abgefeuert haben, die beim ersten Mal von einem amerikanischen Zerstörer und danach von israelischen Raketen abgefangen wurden. Über das Abfangen von Raketen hinaus wird sich Israel nicht in einen Krieg mit den Huthis hineinziehen lassen.

Gestern berichtete *Ha'aretz*, dass mehrere Soldatinnen, die vor dem Krieg als Aufklärerinnen an der Grenze zwischen Israel und dem Gazastreifen stationiert waren, mehrfach vor ungewöhnlichen Aktivitäten auf der Gazaseite gewarnt haben, aber nicht ernst genommen wurden, wahrscheinlich weil sie junge Rekruten waren und auch, weil sie Frauen waren. Einige von ihnen, die nach dem Angriff dienstunfähig waren, konnten nicht sofort zu ihren Einheiten zurückkehren und wurden gewarnt, dass sie als Deserteure betrachtet würden und zehn Jahre Gefängnis bekommen könnten. Sie müssen jetzt wegen posttraumatischer Belastung behandelt werden. Eine in vielerlei Hinsicht sehr traurige und abscheuliche Episode.

Aus Dokumenten und Fotos geht hervor, dass der Tunnel unter dem Schifa-Krankenhaus zu einem Kommandoposten für mittlere Hamas-Offiziere (Majore und Obersten) führte. Einige der Geiseln wurden dort festgehalten und liefen, wie aus den Bildern der Krankenhauskameras hervorgeht, in den Korridoren umher. Wahrscheinlich wurden dort auch die weiblichen Geiseln Noah Marciano und Yehudit Weiss ermordet.

Nach Angaben der Hamas soll morgen um 11 Uhr eine mehrtägige Waffenruhe beginnen und im Gegenzug sollen zunächst 50 Geiseln freigelassen werden. Israel dementierte, dass eine Vereinbarung getroffen worden sei, doch wurde dem Kriegskabinett eine Bestätigung aus Katar vorgelegt.

Danny Cohen, ehemaliger BBC-Fernsehdirektor, hat eine unabhängige Untersuchung der unverhohlen israelfeindlichen Berichterstattung der BBC seit dem Hamas-Anschlag vom 7. Oktober gefordert. Die antiisraelische Haltung der BBC ist in der Vergangenheit schon mehrfach aufgefallen, und es scheint, dass die Journalisten, die über den Nahen Osten berichten, von vornherein israelfeindlich eingestellt sind.

Der böse Clown Ben-Gvir lässt keine Gelegenheit aus, um gesehen und gehört zu werden und irgendetwas, egal was, zu propagieren, solange es nur widerwärtig genug ist. Jetzt hielt er es für nötig, zu den Familien der Geiseln zu sprechen und bei dieser Gelegenheit für ein neues Gesetz zu werben, das für Terroristen die Todesstrafe vorsieht. Die Familien protestierten und wiesen auf die Gefahr für ihre Angehörigen hin, die von der Hamas festgehalten werden. Doch der böse Clown ließ nicht locker. Ein solches Gesetz wird in der Knesset bestimmt nicht diskutiert werden, aber Ben-Gvir hat seinen Auftritt gehabt.

20./21. November 2023

Ein Geiseldeal wird nun ernsthaft vorbereitet: 53 Geiseln, hauptsächlich Kinder, ihre Mütter und ältere Frauen, sollen gegen 150 palästinensische Frauen und Jugendliche und einen viertägigen Waffenstillstand ausgetauscht werden. Das Kriegskabinett und die Regierung werden heute Abend über den Vorschlag beraten. Der Schlüssel für den künftigen Austausch lautet: ein Tag Waffenruhe für 10 Geiseln und 3 freigelassene Palästinenser für jede israelische Geisel. Alle israelischen Militär- und Sicherheitsbehörden sind für die Vereinbarung.

Man spricht immer mehr von einem Krieg, der ein ganzes Jahr lang dauern wird. Ein ziemlich düsterer Blick in die Zukunft. Für den Moment ist das Geiselabkommen sehr ermutigend. Ansonsten sind die täglichen Verlautbarungen im Fernsehen mit den Namen und Bildern der getöteten Soldaten und Offiziere sehr deprimierend. Ich erinnere mich, dass während des «Zermürbungskriegs» 1969/70 täglich dieselben Meldungen in den Zeitungen standen, bis sie wegen ihrer Auswirkungen auf die Bevölkerung eingestellt wurden.

Es zerreißt einem das Herz, wenn man den endlosen Zug von Zehntausenden von Palästinensern beobachtet, die aus dem nördlichen in den südlichen Teil des Gazastreifens fliehen, langsam und mit allem, was sie tragen können, in einer dichtgedrängten Prozession der Enteigneten. Die Soldaten beobachten den Marsch, um eventuell israelische Geiseln zu finden. Vergeblich. Nach Angaben der Armee sind fast alle Bewohner des nördlichen Gazastreifens in den Süden gezogen.

Natürlich sind Ben-Gvir und Smotrich gegen den Geiseldeal. Es wird nichts ändern, aber wie lange müssen wir die Anwesenheit dieser beiden Verrückten noch ertragen?

22. November 2023

Das israelische Kabinett hat dem Waffenstillstand und dem Geiselaustausch mit der Hamas zugestimmt. Nach Angaben der Hamas soll der Waffenstillstand morgen (Donnerstag, 23.11.) um 10 Uhr beginnen. Drücken wir die Daumen. Viele von uns wünschen sich, dass es dazu kommt und weitere Tage ohne Kämpfe im Gegenzug für weitere Freilassungen folgen, aber natürlich sind wir besorgt, dass irgendein Zwischenfall den Prozess zunichte machen könnte. Der Mossad-Chef ist in Katar und wird heute Abend die Liste der Geiseln erhalten, die freigelassen werden sollen. Die Namen werden jedoch nicht vor der morgigen Identifizierung bekannt gegeben, um Enttäuschungen zu vermeiden. Netanjahu erklärte, dass die Freilassung einer weiteren Gruppe von Geiseln im Moment nicht sicher sei.

In der Kabinettssitzung, die den Austausch beschloss, stimmten Smotrich und die Minister des Religiösen Zionismus für den Deal. Der Finanzminister wollte damit seine Partei von Ben-Gvirs Jüdischer Stärke abgrenzen und zeigen, dass er und seine Gefolgsleute verantwortungsvoll handeln. Ben-Gvir lehnte das Abkommen lautstark ab; er und seine Minister verließen die Sitzung vorzeitig mit dem Vermerk «dagegen». Der böse Clown weiß, dass er selbst in dieser Regierung erledigt ist, sobald der Krieg vorbei ist.

Eine illegale Siedlung, die in der Nähe von Ofra errichtet worden war, wurde heute von der Armee gewaltsam geräumt; die provisorischen Häuser wurden abgebaut. Die Siedler schickten einen wütenden Protestbrief an den Militärkommandanten des Westjordanlands. Gott sei Dank für diese mutige Initiative. Die täglichen Übergriffe der Siedler auf Palästinenser sind unerträglich.

Die ungelöste und entscheidende Frage ist: Was kann im Nachkriegs-Gaza an die Stelle der Hamas treten? Die naheliegendste Antwort ist, dass eine Art palästinensische Behörde das Sagen haben sollte, allerdings nicht eine, die von Mahmud Abbas geführt wird. Zwei potenzielle Kandidaten werden regelmäßig genannt: Mohammed Dahlan, der im Exil in Abu Dhabi lebt, und Marwan Barghuthi, der in Israel im Gefängnis sitzt. Israel hat noch nicht gesagt, dass es mit einem von beiden einverstanden ist, und die Hamas ist ohnehin noch lange nicht zerschlagen.

Gegen Mitternacht wurde in Israel bekannt gegeben, dass die Freilassung der Geiseln auf Freitag verschoben wird, da die Liste der freizulassenden Personen noch nicht übergeben und ein formelles Abkommen noch nicht unterzeichnet wurde. Was der eigentliche Grund für die Verschiebung ist, ist unklar.

23. November 2023

Der Waffenstillstand beginnt am morgigen Freitag um 7 Uhr Ortszeit, eine erste Gruppe von 13 Geiseln soll um 4 Uhr nachmittags freigelassen werden. Während der viertägigen Waffenruhe werden 50 Geiseln und 150 in Israel inhaftierte Palästinenser freigelassen werden. Gleichzeitig wird umfangreiche humanitäre Hilfe in die Enklave geliefert. Man geht davon aus, dass weitere Gruppen freigelassen werden, falls die Waffenruhe verlängert wird. Die Familien sind verständlicherweise nervös. Netanjahu hat erklärt, dass der Krieg so lange andauern wird, bis die Hamas vernichtet ist. Danach sieht es aber nicht aus. Derjenige, der unablässig Tod und Zerstörung verspricht, ist Galant. Gestern prophezeite er, dass die Zeit der Hamas-Führer abgelaufen sei. Das ist Unsinn und entlastet Galant nicht von der elendiglich unzureichenden Vorbereitung der Verteidigungskräfte auf die Katastrophe des 7. Oktober.

Der Direktor des Schifa-Krankenhauses wurde vom Schin Beth verhaftet und zu den Aktivitäten der Hamas im Krankenhaus befragt. Aus dem von den IDF freigegebenen Material geht hervor, dass die Hamas das Krankenhaus für eine umfangreiche Tarnung genutzt hat.

Omer Bartov, einst in den 1970er Jahren ein Student von mir, der im Laufe der Jahre zum Professor und vor allem zu einem bekannten Holocaust-Spezialisten wurde, hat einen Aufschrei ausgelöst, weil er Israel des Völkermords bei seinen Angriffen in Gaza beschuldigte. Das Problem ist: Israel kann nicht zulassen, dass die Hamas mit ihrer derzeitigen Charta von 1988 (überarbeitet 2017), die die Zerstörung des jüdischen Staates propagiert, überlebt, da sie auf die eine oder andere Weise ihre mörderischen Angriffe wiederholen wird. Und um die Hamas zu zerschlagen, muss man möglicherweise schwere Bombardements einsetzen, da die Organisation zivile, sogar medizinische Einrichtungen nutzt, um ihre Operationen zu verbergen.

Ich verstehe Bartovs Motivation angesichts von so viel Tod und Zerstörung, aber mit seinem Vorwurf stimme ich nicht überein. Was ist die Alternative für Israel? Nicht weiterzumachen? Das wird wahrscheinlich als Folge des derzeitigen Waffenstillstands geschehen. Ich bin eigentlich für eine Einstellung der Feindseligkeiten, aber nur, weil ich die menschliche Katastrophe sehe, die damit verbunden ist, und nicht, weil ich denke, dass Israel seine Operationen sofort einstellen muss, weil es einen Völkermord begeht. Wäre ein Völkermord beabsichtigt gewesen, hätte Israel die im nördlichen Teil der Enklave lebenden Zivilisten nicht aufgefordert, sich in den Süden in Sicherheit zu bringen. Es hätte sie zu Tode bombardiert.

Für die Bombardierung der Enklave durch Israel gibt

es noch weitere Gründe. Das Land wurde durch einen unglaublich brutalen Angriff aufgeschreckt. Das Fehlen jeglicher Vorbereitung war kaum zu glauben und noch schwerer zu ertragen. Die einzige Möglichkeit, die Tunnel zu zerstören, bestand darin, sie mit den von den Amerikanern gelieferten durchschlagenden Geschossen zu bombardieren; das tat Israel, da es keine vorbereiteten und ausgefeilteren Methoden gab, um auf den Angriff der Hamas zu reagieren. Aber Israel musste reagieren, damit die Hamas nicht erneut angreift.

Israel ist in einem schrecklichen Dilemma gefangen, für das es nur eine – freilich höchst unwahrscheinliche – Lösung gibt: Die Hamas muss ihr Ziel der Zerstörung Israels aufgeben und dessen Recht, wie das jedes anderen Staates, auf ein Leben in Frieden mit seinen palästinensischen Nachbarn anerkennen, die ebenfalls das Recht auf einen eigenen Staat haben. Mit anderen Worten: Die Zweistaatenlösung muss mit der Einstellung der Feindseligkeiten und der Akzeptanz dieser Lösung durch die Hamas und Israel einhergehen. Aber in Israel gibt es zu viele Rechte, die das nicht akzeptieren, und die Hamas wäre nicht mehr die Hamas, würde sie eine friedliche Lösung akzeptieren. Was ist also für die nächsten zehn Jahre, wahrscheinlich sogar für eine ganze Generation, zu erwarten? Es wird Waffenstillstände geben, die vielleicht ein paar Jahre halten, aber weitere Explosionen sind garantiert.

Heute eine andere Art von Explosion: Das Schreiben des Geheimdienstchefs an Netanjahu vom März, in dem er die strategische Sachlage für einen Angriff auf Israel detailliert darlegt, wurde veröffentlicht. Die Analyse ist zwar sehr allgemein gehalten, kommt aber zu dem richtigen Schluss, dass die Feinde Israels die inneren Unruhen im Lande nutzen könnten, um es anzugreifen. Netanjahu hat jede Art von Warnung ignoriert und sich stattdessen für die Entlassung von Verteidigungsminister Galant entschieden. Wegen der massiven Proteste, die diese Entlassung auslöste, sah er sich gezwungen, sie wieder rückgängig zu machen, schenkte aber der Warnung des Geheimdienstchefs keine Beachtung.

Der Geheimdienstchef selbst war sich der äußerst präzisen Details, die eine Geheimdienstoffizierin über die Angriffsvorbereitungen der Hamas weitergegeben hatte, möglicherweise bewusst oder auch nicht. Sie beobachtete und analysierte all die Verschleierungsmethoden, die die Hamas anwandte, um jeden Verdacht eines irgendwie ungewöhnlichen Verhaltens zu vermeiden. Wir werden noch früh genug erfahren, ob ihre wiederholten Warnungen die Spitze erreichten oder in der Geheimdienstbürokratie stecken blieben.

24. November 2023

Die erste Gruppe von 13 israelischen Geiseln wurde heute freigelassen. Das Ereignis wurde live in Rundfunk und Fernsehen übertragen. Die Emotionen in Israel sind immens. Alle zehn Geiseln aus Thailand und eine von den Philippinen wurden ebenfalls freigelassen.

Seit dem 7. Oktober hat sich in diesem Land viel verändert. Nach dem, was ich von vielen Freunden höre, die dort sind oder in den letzten Tagen zu Besuch waren, besteht die größte Veränderung im Verlust des Sicherheitsgefühls. Das frühere Gefühl der völligen Normalität war wahrscheinlich töricht, aber was konnte man schon anderes erwarten? Die Mehrheit der Israelis lebte in relativem wirtschaftlichen Wohlstand, besaß ein Haus oder zumindest eine Wohnung, machte Urlaub in Eilat oder in Griechenland, oft auch weiter weg usw. Die Normalisierung der Beziehungen zu den Golfstaaten und Marokko, die mögliche Normalisierung der Beziehungen zu Saudi-Arabien verstärkten das Gefühl, dass die traditionellen Sicherheitsprobleme gelöst waren. Die meisten Israelis waren in den letzten Monaten mit den bekannten internen Konflikten beschäftigt. Der 7. Oktober hat das alles radikal verändert. Die von vielen empfundene Unsicherheit geht tiefer als die Angstschübe, die nach den vorangegangenen Kriegen auftraten. Es herrscht Krieg im Süden und im Norden. Unter den Palästinensern im Westjordanland wächst die Unruhe. Der tödliche Hass der Ajatollahs ist nicht weit entfernt. In der Welt gibt es nicht viel Unterstützung für Israel. Kurzum, das Land kämpft in vielerlei Hinsicht um seine Existenz oder, genauer gesagt, darum, wie jeder andere Staat akzeptiert zu werden.

Und es gibt noch eine weitere Nicht-Akzeptanz, freilich eine, die die meisten Israelis nicht spüren oder fürchten: eine neue Welle des Antisemitismus, die selbst ich nicht für möglich gehalten hätte. Der Antisemitismus, der wahrhaft älteste Hass, der einige Jahrzehnte lang gedämpft war, breitet sich jetzt wieder in einer Vielzahl von Verkleidungen aus, meist sozialen oder ethnischen Missständen und Konflikten, die auf einen pro-palästinensischen Kampf projiziert werden. Was den Judenhass in der muslimischen Welt betrifft, so ist er eng mit der palästinensischen Sache verknüpft, hat aber religiöse Wurzeln im Islam. Die Hamas hat, wie ihre iranischen Förderer, die palästinensische Sache mit dem religiösen Hass verschmolzen.

Den oben erwähnten lautstarken Menschenmengen geht es nicht wirklich um Unterstützung für einen Palästinenserstaat, denn die meisten von ihnen wollen keine Zweistaatenlösung, sondern dass Israel verschwindet.

Was jetzt alle Nachrichtenkanäle elektrisiert – und zwar zu Recht –, ist die Freilassung der Geiseln. Die Hamas wird die mögliche Freilassung weiterer Gruppen mit ziemlicher Sicherheit dazu nutzen, den Waffenstillstand von seinen ursprünglichen vier Tagen auf einen viel längeren Zeitraum auszudehnen, was eine Wiederaufnahme des Krieges sehr schwierig machen wird. Die Organisation kann dann den Sieg für sich beanspruchen, da sie unversehrt aus einem Krieg hervorgehen wird, den Israel ursprünglich bis zu ihrer vollständigen Zerstörung führen wollte. Für Israel wird es ein schwieriges Dilemma sein. Doch selbst wenn es sich dafür entscheidet, die Kämpfe nicht wieder aufzunehmen, wird Israel eine sehr wertvolle Lektion gelernt haben: sich nicht mehr im Schlaf erwischen zu lassen. Und in der Zwischenzeit mit der Arbeit an einer Lösung des palästinensischen Problems zu beginnen, auch wenn deren Umsetzung viele Jahre, möglicherweise eine ganze Generation, in Anspruch nimmt.

25. November 2023

Ein weiterer Austausch von 14 Geiseln gegen 42 palästinensische Gefangene soll heute stattfinden, auch wenn es offenbar einige Schwierigkeiten gibt. In den letzten beiden Tagen kamen 400 Lastwagen mit humanitärer Hilfe in die Enklave. Heute traf eine Delegation aus Katar in Israel ein, um die Möglichkeit einer Verlängerung der Waffenruhe zu erörtern. Die Bereitschaft dazu scheint auf beiden Seiten vorhanden zu sein.

Gestern sprach der ägyptische Präsident von der Möglichkeit, einen entmilitarisierten palästinensischen Staat zu gründen, der den Gazastreifen einschließt. Theoretisch ist das möglich, aber al-Sisi hat nicht gesagt, was mit der Hamas dann sein wird. Stellt er sich vor, dass die Hamas den Gazastreifen einfach räumt und die Verwaltung der Enklave einer anderen Behörde überlässt? Oder hat er nur irgendetwas gesagt, anlässlich einer Pressekonferenz mit den Premierministern Spaniens und Belgiens?

Wird der progressive Flügel der Demokraten dafür sorgen, dass Präsident Biden bei den bevorstehenden Wahlen wegen seiner dezidiert pro-israelischen Politik eine Niederlage erleidet? Das ist durchaus möglich. Die Progressiven fordern, dass die Hilfe für Israel an verschiedene Bedingungen geknüpft wird; der Präsident will sich nicht festlegen lassen und bleibt bei seinem Kurs. Bidens Haltung ist in vielerlei Hinsicht entscheidend.

Nach zermürbenden Verzögerungen wurden die zweite Gruppe von 13 Geiseln und eine Gruppe von 42 Palästinensern freigelassen. Zusätzlich zu den Israelis kamen auch vier ausländische Geiseln frei. Es wird erwartet, dass noch zwei weitere solcher Austauschaktionen stattfinden, bevor die Waffenruhe ausläuft. Hoffen wir auf weitere Tage mit der Freilassung von zehn Geiseln für jeden friedlichen Tag. Es ist schwer vorstellbar, dass die Feindseligkeiten angesichts der massiven Präsenz von Zivilisten in der Umgebung wieder aufgenommen werden. Das könnte eine humanitäre Katastrophe zur Folge haben. Israel sollte andere Wege finden, um mit der Hamas umzugehen, wie die Liquidierung ihrer Führungsspitze.

26. November 2023

Vierzehn israelische und drei ausländische Geiseln werden heute freigelassen. Unter den befreiten israelischen Kindern befindet sich die vierjährige Abigail Edan aus Kfar Aza, deren beide Eltern am 7. Oktober ermordet wurden, während ihr Vater sie mit seinem Körper beschützte. Er wurde getötet, und sie wurde nach Gaza entführt. Ihre beiden kleinen Brüder versteckten sich zehn Stunden lang in einem Schrank, bevor sie sich um Hilfe zu rufen trauten. Die Großeltern werden ihre Familie sein.

Präsident Biden sprach in sehr bewegenden Worten über Abigail: «Gott sei Dank ist Abigail zu Hause, ich wünschte, ich wäre da, um sie in die Arme zu schließen», erklärte er. Er sprach auch mit den Großeltern. Seine Unterstützung für Israel ist echt und natürlich von größter Bedeutung.

Biden sprach mit Netanjahu. Beide scheinen die Forderung der Hamas zu akzeptieren, den Waffenstillstand zu verlängern, was die Möglichkeit eröffnet, alle Geiseln frei zu bekommen und wichtige humanitäre Hilfe in die Enklave zu bringen. Bedeutet dies das Ende des Krieges? Es sieht so aus, auch wenn die Hamas auf lange Sicht einen neuen Versuch unternehmen könnte.

Morgen findet eine Kabinettssitzung statt, in der es um eine partielle Neuverteilung des Haushalts für 2023 geht. Netanjahu und Smotrich wollen die vor dem Krieg beschlossenen «Koalitionsgelder» mit Milliarden für das orthodoxe Bildungswesen und die Siedlungen beibehalten, während Benny Gantz den gesamten Haushalt für die Kriegsausgaben und die Hilfe für die Gemeinden, die evakuiert werden mussten, sowie für andere kriegsbedingte Ausgaben verwenden will. In einem Schreiben an Netanjahu machte Gantz deutlich, dass seine Partei weitere Schritte in Erwägung ziehen werde, falls seine Forderung abgelehnt wird. Die Drohung ist deutlich genug, aber wie kann man Wahlen herbeiführen?

100 000 Menschen demonstrierten in London gegen Antisemitismus. Es war höchste Zeit.

27. November 2023

Elf weitere israelische Geiseln sollen heute freigelassen werden, aber es gibt offenbar ein paar Probleme. Die Ägypter sind optimistisch, die Israelis weniger. Nach Stunden der Ungewissheit scheint es jedoch, dass die Geiseln wie ursprünglich vorgesehen freikommen. Auch sechs thailändische Staatsbürger werden freigelassen. Es gibt Verhandlungen über eine Verlängerung des Waffenstillstands.

Doch der gegenseitige Hass zwischen beiden Seiten ist so groß, dass eine Wiederaufnahme der Feindseligkeiten nur eine Frage der Zeit ist. Wo ist die Art von Politiker, wie Itzhak Rabin einer war? Was wir jetzt haben, ist ein egozentrischer Betrüger.

Amerikanischen und katarischen Quellen zufolge wird der Waffenstillstand nach dem heutigen Austausch um zwei Tage verlängert, was die Freilassung von zwanzig weiteren Geiseln bedeutet. Der heutige Austausch hätte beinahe nicht stattgefunden, da Israel sich weigerte, den ursprünglichen Vorschlag der Hamas zu akzeptieren, der neun Kinder und zwei ältere Frauen, nicht aber die Mütter der Kinder umfasste. Dank des energischen Eingreifens von Präsident Biden konnte schließlich eine Einigung erzielt werden: Die beiden älteren Frauen wurden durch zwei der Mütter der Kinder ersetzt.

Es ist schwer zu glauben, dass der Krieg nach der Verlängerung des Waffenstillstands um zwei weitere Tage wieder aufgenommen wird und etwa 160 Geiseln weiter in den Händen der Hamas bleiben werden. Das wird zu schweren Unruhen in Israel führen, und das will Netanjahu sicher nicht. Präsident Biden wird viel Druck auf Israel und die arabischen Staaten ausüben, um eine weitere Verlängerung zu erreichen. Das könnte auch für seine Wiederwahl zu gegebener Zeit hilfreich sein.

Benny Gantz und alle Mitglieder seiner Partei Widerstandskraft für Israel stimmten gegen den Haushalt für 2023, gegen Netanjahu und Smotrich. Netanjahu ging auch von einem Likud-Abgeordneten zum anderen und versprach, dass er dafür sorgen werde, dass kein palästinensischer Staat je das Licht der Welt erblicken werde.

Heute empfinde ich Scham. Ja, Scham. Die Einheit, der ich in der Armee angehörte, die berühmte Unit 8200, die am 7. Oktober als Erste hätte warnen müssen, dass auf der anderen Seite etwas im Gange war, hat wahrscheinlich geschlafen: Anstatt Stunden vor dem Angriff zu warnen, murmelten sie morgens um 8.30 Uhr, etwa zwei Stunden nach dem Angriff, irgendetwas. Der gesamte Geheimdienst war an diesem entscheidenden Tag eine einzige Schande.

28. November 2023

Weitere Informationen über die völlige Unvorbereitetheit der Armee am 7. Oktober: Der Chef des Nachrichtendiensts war im Urlaub in Eilat, der Chef der Operationen weilte im Urlaub auf den Golanhöhen und der Chef der Luftwaffe wurde nicht zu einer halbherzigen Telefonkonferenz mit dem Generalstabschef zugeschaltet, als einige vage Hinweise über irgendwelche Vorgänge im Süden eintrafen. Das zeigt, dass nicht nur der Geheimdienst versagt hat, sondern die Befehlshaber vieler Bereiche der IDF, und das bis ganz oben.

Das hat auch der Generalstabschef gesagt: «Die Armee und der Geheimdienst haben am 7. Oktober versagt, aber es ist nicht richtig, dass sich die Offiziere heute mit ihrer Verantwortung auseinandersetzen», erklärte er bei einem Besuch des Nordkommandos.

Die *New York Times* hat heute einen Artikel veröffentlicht, in dem die entsetzlichen Bedingungen beschrieben werden, unter denen die Bewohner des nördlichen Teils der Enklave in den Süden umgesiedelt wurden. Ein längerer Waffenstillstand sollte all dieses Leid lindern, aber ist er auch erreichbar? Wie kann man die Hamas loswerden, ohne sie bis zum Ende zu bekämpfen? Gibt es eine Alternative?

Manchmal denke ich, dass Israel solche massiven Zerstörungen vornimmt, weil es der offensichtlichste Weg ist, um an die Tunnel der Hamas und ihre Verstecke hinter zivilen Strukturen heranzukommen. Ich denke auch, dass eine Armee, die so viel Erfahrung mit chirurgischen Schlägen hat wie die IDF, zu ihrer jetzigen Kampfweise gezwungen ist, weil sie am 7. Oktober völlig überrumpelt wurde, völlig unvorbereitet war und daher die einzige Kampfmethode anwenden musste, die in diesem Moment möglich war. Wie traurig das alles ist!

Die Überstellung von zehn erwachsenen weiblichen Geiseln hat begonnen. Der Leiter der CIA, der Leiter des Mossad und der Leiter des ägyptischen Geheimdiensts sind zu Beratungen in Doha, um die teilweise Waffenruhe in einen dauerhaften Waffenstillstand zu verwandeln, der die Rückkehr aller Geiseln ermöglichen würde.

Das Kabinett kommt zusammen, um über eine Verlängerung der Waffenruhe über den morgigen Tag hinaus oder über eine Wiederaufnahme des Krieges zu entscheiden. Ich gehe davon aus, dass es sich für eine Verlängerung des Waffenstillstands und die Rückkehr möglichst vieler Geiseln entscheiden wird. Das ist wahrscheinlich der Wunsch der Amerikaner.

29. November 2023

Es sieht so aus, als ob der Waffenstillstand um einige Tage verlängert wird. In der Zwischenzeit werden Geiseln und auch palästinensische Gefangene freigelassen. Humanitäre Hilfe wird eilig nach Gaza gebracht. Mit anderen Worten: Die USA geben den Ton an.

Schreckliche Nachricht: Die Geiseln der Familie Bibas, ein zehn Monate altes Baby, ein vierjähriger Junge und ihre Mutter, können nicht freikommen: sie seien tot, sagt die Hamas. Das könnte Psychoterror sein, denn es gibt keine Beweise. Die IDF versuchen, Genaueres herauszufinden.

Die neunjährige Emily Hand, die ebenfalls am 7. Oktober als Geisel genommen wurde, wurde nach 50 Tagen freigelassen. Nach Angaben ihres Vaters spricht Emily nur noch im Flüsterton. Anders kann das kleine Mädchen nicht mehr sprechen.

Außenminister Blinken ist erneut in Israel. Wahrscheinlich wird der Waffenstillstand um ein paar Tage verlängert. Netanjahu erklärt, dass die Kämpfe nach der Freilassung der Geiseln wieder aufgenommen werden und dass dies auch die Entscheidung des Kabinetts ist. Sicher, aber das ist vermutlich nicht die Idee von Präsident Biden. Tatsächlich warnen amerikanische Regierungsvertreter Israel vor weiteren Kämpfen im Süden der Enklave.

30. November 2023

Zwei Hamas-Terroristen haben an einem Busbahnhof in Jerusalem vier Menschen getötet und wurden anschließend erschossen. Verhandlungen über einen weiteren Austausch von israelischen Geiseln gegen palästinensische Gefangene sind im Gange, aber es sieht nicht so aus, als ob der Waffenstillstand noch lange halten würde.

Die Regierungskoalition verhängt keine Sanktionen aufgrund der Gewalt von Siedlern gegen Palästinenser im besetzten Westjordanland. Die Täter sollten wie alle anderen Verbrecher vor Gericht gestellt und nach dem Gesetz bestraft werden. Ben-Gvir und seine Partei würden sich dem natürlich widersetzen und Smotrich wahrscheinlich auch. Ist es nicht höchste Zeit, diese beiden loszuwerden? Da Netanjahu sich wahrscheinlich gegen jede Auflösung seiner Koalition wehren würde, sollte auch er so schnell wie möglich abgesetzt werden. Das Problem ist, dass ein Regierungswechsel in Kriegszeiten kaum durchführbar ist. Außenminister Anthony Blinken hat mit Mahmud Abbas über die Siedler-Gewalt gesprochen und war ebenfalls der Meinung, dass eine Bestrafung zwingend notwendig ist.

Der Waffenstillstand wird bis einschließlich heute verlängert und die Freilassung von zehn weiteren weiblichen Geiseln sowie von 30 palästinensischen Häftlingen ermöglichen. Das ist die vorerst letzte Freilassung von weiblichen israelischen Geiseln unter den bestehenden Bedingungen. Nach dem morgigen Tag dürfte die Gruppe der Geiseln auch ältere männliche Israelis umfassen; die Hamas könnte für die Freilassung jeder männlichen Geisel die Freilassung weiterer Gefangener verlangen, was ein Ende der Verhandlungen und des Waffenstillstands bedeuten könnte. Die Amerikaner scheinen die israelischen Beweggründe für eine Wiederaufnahme der Kämpfe zu verstehen, beharren aber auf der Notwendigkeit, das Leben von Zivilisten so weit wie möglich zu schonen und die Fortsetzung der humanitären Hilfe für Gaza zu ermöglichen.

Es wird immer wahrscheinlicher, dass Präsident Biden auf Druck aus den eigenen Reihen die Bedingungen für die Militärhilfe an Israel verschärfen muss. Israel hat den Kampf um die Weltmeinung von Anfang an verloren, und das wird mit der Zeit immer deutlicher. Zum Teil haben die massiven Bombardierungen der IDF dazu geführt (diese Kampfmethoden haben, wie ich bereits anmerkte, zum Teil damit zu tun, dass das Land überhaupt nicht auf den plötzlichen Angriff der Hamas vorbereitet war), zum Teil hat das Aufflammen des Antisemitismus in Verbindung mit dem Hass auf Israel einen immensen Verstärkungseffekt gehabt. Es ist ärgerlich und sehr traurig zu sehen, wie sich dieser verabscheuungswürdige Fanatismus immer weiter verbreitet.

Die Befreiung der Geiseln ist im Gange. Morgen werden Verhandlungen und Entscheidungen sehr viel schwieriger sein.

1. Dezember 2023

Die Lage ist unklar: Einerseits sind die Kämpfe auf beiden Seiten wieder aufgenommen worden, allerdings in relativ gemäßigter Form; andererseits ist immer noch von einer Fortsetzung der Verhandlungen die Rede.

Das horrende Versagen der völlig unvorbereiteten IDF vor dem 7. Oktober tritt immer deutlicher zutage. Nach Angaben der *New York Times* waren die IDF in den Besitz eines 40-seitigen Dokuments mit dem Titel «Jericho-Mauer» gelangt, in dem der Angriffsplan der Hamas ein Jahr vor dem Ereignis genau beschrieben wurde. Er wurde abgetan, weil er angeblich die Fähigkeiten der Hamas weit überstieg. Ein paar Monate später wiederholte eine Unteroffizierin der Geheimdiensteinheit 8200 die Warnungen in allen Einzelheiten, und wieder wurde die Warnung in den Wind geschlagen. Als sie nicht locker ließ und ihre Warnung noch einmal wiederholte, setzte der Kommandeur des Gaza-Gebiets dem ein Ende. All dies wird in diesen Tagen in Israel diskutiert und nicht als Fake News abgetan. Unklar ist, ob Netanjahu über «Jericho-Mauer» informiert war oder nicht. Auf jeden Fall passte das Ignorieren dieser Warnungen perfekt zu seiner Theorie, wonach die Hamas nur am wirtschaftlichen Wohlergehen und an nichts anderem interessiert sei.

Offensichtlich hat die Unit 8200 Psychologen hinzugezogen, um zu untersuchen, was in der Einheit schiefgelaufen ist. Sie leidet eindeutig an übermäßiger Homogenität, kollektivem Narzissmus und der Angst, Staub aufzuwirbeln. Meine Erinnerungen stammen aus den frühen 1950er Jahren, als die Einheit noch unter dem Namen «Intelligence 2» firmierte, aber ich kann zumindest die extreme Homogenität des Teils der Einheit, in dem ich diente, bestätigen. Soweit ich mich erinnere, war das in anderen Bereichen der Armee nicht der Fall. Auf jeden Fall wird sich bei den IDF generell viel verändern müssen.

103 Geiseln sind freigelassen worden. 145, zumeist Männer, bleiben in Gefangenschaft. Ein US-Sprecher erklärte, der Präsident sei auf eine Wiederaufnahme des Waffenstillstands und die Freilassung weiterer Geiseln bedacht; dem Sprecher zufolge war die Hamas für die Wiederaufnahme der Kämpfe verantwortlich, da sie nicht in der Lage gewesen sei, eine Liste mit weiteren freizulassenden Geiseln zu liefern.

Aber nur auf Israel können die USA Druck ausüben. Als Außenminister Blinken im Kriegskabinett darauf hingewiesen wurde, dass die Zerschlagung der Hamas Monate dauern könnte, soll er geantwortet haben: «Ich glaube nicht, dass Sie dafür Kredit haben.» Israel bringt offenbar in den arabischen Ländern eine Karte der Enklave in Umlauf, auf der eine entmilitarisierte Zone eingezeichnet ist, die den Gazastreifen von Israel trennen und die Grundlage für ein Nachkriegsabkommen bilden soll. Einige arabische Länder haben diesen Vorschlag abgelehnt, andere sind jedoch bereit, ihn zumindest in Erwägung zu ziehen.

Es fällt mir sehr schwer, die individuellen Aussagen von einfachen Palästinensern in den derzeit angegriffenen Gebieten zu lesen. Die Menschen können nirgendwohin, und dort, wo sie sind, leben sie unter fürchterlichen Bedingungen. Gibt es keine andere Möglichkeit, an die Hamas heranzukommen?

2. Dezember 2023

Heutzutage kommen israelische Kinder unweigerlich mit den Filmaufnahmen der von der Hamas am 7. Oktober begangenen Gräueltaten in Berührung, die überall im Internet kursieren. Natürlich sind sie davon und von dem allgemeinen Gefühl der allgegenwärtigen Gefahr, das sich im Lande ausgebreitet hat, tief geprägt und oft traumatisiert. Wie gehen Eltern mit den Traumata ihrer Kinder um, wie beantworten sie ihre ängstlichen Fragen? Aber man sagt mir auch, dass die Bereitschaft, sich zum Wehrdienst zu melden, noch nie so groß war, selbst bei Menschen, die es nicht nötig hätten. Auf der einen Seite ein gesteigertes Gefühl der Unsicherheit, auf der anderen Seite eine ungewöhnliche Bereitschaft, etwas dagegen zu tun.

In einem interessanten, vielleicht letzten Interview bekundete Henry Kissinger seine Skepsis gegenüber der Zweistaatenlösung. Der Gazastreifen hätte ein Modell für die Zweistaatenlösung sein können, da er 2005 von Israel geräumt wurde und zu dem wurde, was er ist. Kissinger sieht keine andere Lösung als die, dass Jordanien das Westjordanland regiert. Meiner Meinung nach ist die Skepsis des ehemaligen Außenministers berechtigt, aber sein Lösungsvorschlag ist fragwürdig. Ob Jordanien das vergiftete Geschenk eines Westjordanlands mit seinen Extremisten annehmen würde, ist fraglich. Und was würde aus dem Gazastreifen werden? Die einzig vernünftige Lösung, die nur nach einem langwierigen Deeskalationsprozess unter einer palästinensischen Behörde und mit der Kontrolle der Sicherheit durch ein internationales Gremium, in dem die USA eine wichtige Rolle spielen würden, erreicht werden könnte, wäre die Gründung eines unabhängigen palästinensischen Staates.

Warum glaube ich, dass ein palästinensischer Staat irgendwann das Licht der Welt erblicken kann? Weil es unter den Palästinensern offensichtlich ein Nationalgefühl gibt, das stark genug ist, um die Akzeptanz einer Fremdherrschaft, sei sie jordanisch oder ägyptisch, auszuschließen, von einer israelischen Vorherrschaft ganz zu schweigen.

Die größten Hindernisse werden der palästinensische Extremismus (Hamas) und der israelische Extremismus (die Siedler) sein. Wie ich hörte, sorgt Ben-Gvir dafür, dass an die Siedler Waffen «zu ihrer Verteidigung» verteilt werden. Fünfhunderttausend bis an die Zähne bewaffnete Siedler werden jeden Deeskalationsprozess langwierig und schwierig machen, da die Siedlungen von Anfang an einen exterritorialen Status haben. Ein weiteres Hindernis könnte ein allgemeiner politischer Wandel in Israel von Mitte-links nach Mitte-rechts sein, was bedeuten würde, dass die Existenz eines palästinensischen Staates kaum Unterstützung findet.

Einer der Feinde der Huthis organisierte eine Explosion in einem der Schuppen, in denen sie ihre Waffen aufbewahren. Nichtsdestoweniger hat die wichtigste israelische Schifffahrtsgesellschaft ihren gesamten Verkehr um das Kap der Guten Hoffnung herum umgeleitet. Das wird bei einer ganzen Reihe von Gütern zu einem deutlichen Preisanstieg führen.

3. Dezember 2023

Versuchen wir uns ein Bild von der Gesamtsituation aus der Sicht Israels zu machen: Im Inneren haben wir es mit einer Bevölkerung zu tun, die schockierende Ereignisse erlebt hat, die zum Teil traumatisiert ist, die aber dennoch frühere tiefe Spaltungen überwunden hat und bereit ist, freiwillig einen Dienst zu leisten, der alle Erwartungen übertrifft. Unklar ist jedoch, inwieweit dieselbe Bevölkerung Vertrauen in ihre politische und militärische Führung hat. Wahrscheinlich erträgt die Bevölkerung die Führung, weil sich das Land im Krieg befindet und die Führung selbst tief gespalten ist: Netanjahu hasst seinen Verteidigungsminister Galant; Galant hält sich eng an Gantz und so weit wie möglich Distanz zu Netanjahu. Die Extremisten Ben-Gvir und Smotrich wissen, dass ihre Zeit begrenzt ist, und versuchen, so viele Vorteile wie möglich herauszuschlagen. Der Premierminister macht vor allem die Armeeführung für den 7. Oktober verantwortlich und spielt bei jeder sich bietenden Gelegenheit geschickt auf deren Verantwortung für die Katastrophe an. Doch der Großteil der Bevölkerung weiß, dass er der Hauptschuldige ist und dass er bei der ersten echten Gelegenheit gehen muss.

Nach außen hin steht Israel kurz vor einer neuen Offensive im südlichen Gazastreifen, die nach Angaben der IDF Monate dauern könnte. Israels wichtigster Verbündeter, die USA, ist jedoch nicht bereit, ihm Monate zu geben, höchstens Wochen. Die Weltöffentlichkeit wird mit der Zeit immer feindseliger reagieren, und die Lage für die Zivilbevölkerung in Gaza wird immer schlimmer. Aufgrund des allgemeinen Drucks könnte Israel gezwungen sein, seine Offensive abzubrechen, ohne seine Ziele zu erreichen: die Hamas zu besiegen, ihre Präsenz im Gazastreifen zu beenden und die israelischen Geiseln zu befreien. Gleichzeitig kämpft der jüdische Staat im Norden gegen die Hisbollah und wird am Roten Meer von den Huthis bedroht. Das Westjordanland ist ein Vulkan, der jederzeit ausbrechen kann. Über all diesen Bedrohungen schwebt der Schatten des Iran, der nur durch die Präsenz der Vereinigten Staaten in der Region im Zaum gehalten wird. Für Israel ist dies im Inneren wie im Äußeren ein Krieg um die eigene Existenz.

Zwischen dem 6. Oktober 1973 und dem 7. Oktober 2023 gibt es übrigens eine merkwürdige Ähnlichkeit: unsere Hybris, das Gefühl in den IDF und in der israelischen Gesellschaft insgesamt, dass die Araber nicht in der Lage seien … Im ersten Fall nicht in der Lage, die Befestigungen zu überwinden, die wir auf unserer Seite des Suezkanals errichtet hatten, im zweiten Fall unfähig zu einem Angriff, wie er in den warnenden Dokumenten beschrieben wird. Wahrscheinlich sind wir jetzt von diesem verhängnisvollen Gefühl der Überlegenheit gegenüber unseren Nachbarn geheilt.

Trotz dieser insgesamt düsteren Aussichten gibt es in der israelischen Gesellschaft Teile, die Zuversicht und Hoffnung verbreiten, und diese Lichtblicke wurden mir immer stärker bewusst, je mehr Details ich von Besuchern hörte, vor allem in den letzten Wochen. Das war in der Tat ein Kapitel, über das ich vorher keine klaren Informationen hatte und das sich wie folgt zusammenfassen lässt: Was funktionierte am 7. Oktober und in den Tagen und Wochen danach, als viele staatliche Stellen und vor allem die Regierung selbst wie gelähmt waren? Wer hat Hilfe gebracht, wo sie am nötigsten war, und in vielen Fällen Menschen gerettet? Es waren die Teile der Zivilgesellschaft mitsamt ihren Freiwilligennetzwerken, die während der Demonstrationen der vorangegangenen Monate gegen die Versuche der Regierung, das Rechtssystem des Landes auszuhebeln, aufgebaut worden waren. Diese Netzwerke wurden am «Schwarzen Samstag» aktiv und schickten Hilfe zu den Menschen, die in den Dörfern und Kibbuzim an der Grenze zum Gazastreifen eingeschlossen waren, sie kämpften im Wortsinne an Orten, an denen es keine anderen Streitkräfte gab, sie kümmerten sich um die Einwohner, die es am dringendsten brauchten, und sie halfen ihnen auf die unterschiedlichste Weise. Das sind die stillen Helden Israels in seinen finstersten Tagen, die das Land möglicherweise wieder auf die Beine bringen werden.

4. Dezember 2023

Die IDF befinden sich in der Nähe von Chan Yunis. Der Krieg geht weiter, und die Bevölkerung des südlichen Gazastreifens ist sein unmittelbarstes Opfer. Wie die heutige *Ha'aretz* denjenigen Lesern in Erinnerung rief, die daran erinnert werden mussten, warnte uns Außenminister Blinken, dass die Militäroperationen im Süden der Enklave nicht zu den Verlusten an zivilen Leben führen dürften, wie sie durch die Operationen im Norden verursacht werden. Die USA sind die einzige Macht, die Israel noch unterstützt. Wenn wir Blinkens Warnung missachten, werden wir bald die Konsequenzen zu tragen haben. Haben die IDF außerdem die Parole vergessen, auf die sie seit jeher so stolz waren? Die «Waffenreinheit»? Sie mag zu einer Welt ohne Hamas gehören, aber Israel muss die Hamas bekämpfen, ohne sich in irgendeiner Weise von ihrer Brutalität und ihrem vollständigen Mangel an Menschlichkeit anstecken zu lassen.

US-Quellen zufolge traf eine von der Hamas zu Beginn des Krieges abgefeuerte Rakete eine Militärbasis, in der Israel einige seiner Atomraketen lagert. Auf dem Stützpunkt brach Feuer aus, das aber die Raketen nicht erreichte. Die Sprengköpfe werden ohnehin an einem anderen Ort aufbewahrt. Ebenfalls US-Quellen zufolge hat Israel fünf Pumpen installiert, die in der Lage sind, die Hamas-Tunnel mit Unmengen an Meerwasser zu fluten, was die Hamas-Kämpfer zwingen würde, ihre unterirdischen Verstecke aufzugeben, aber auch die Wasserversorgung der Bevölkerung im Gazastreifen gefährden würde. Denselben Quellen zufolge hat Israel noch nicht darüber entschieden, ob es die Pumpen in Gang setzen wird.

Die Hamas hält zehn Frauen als Geiseln fest, die nach israelischen Angaben am Leben sind; die Terrororganisation weigert sich, sie freizulassen, damit sie nicht erzählen, was sie erlebt haben (Vergewaltigung und andere Straftaten). Ein Sprecher des Außenministeriums bestätigte, dass dies auch die amerikanische Einschätzung ist. Wenn die Hamas zustimmt, diese Frauen freizulassen, ist Israel zu einer weiteren Kampfpause bereit, um über alle anderen Kategorien von Geiseln (ältere Männer, Verwundete, Männer im wehrfähigen Alter usw.) zu sprechen, die im Austausch gegen Palästinenser, die in israelischen Gefängnissen sitzen, freigelassen werden sollen.

5. Dezember 2023

Was ich in meinem gestrigen Eintrag nicht erwähnt habe, beunruhigt mich eigentlich die ganze Zeit: die Ausbreitung des Antisemitismus. Woher kommen diese ekelhaften Ausbrüche? Über den Hass, der auf den Straßen von London, Paris oder Berlin geschürt wird, bin ich nicht wirklich erstaunt; ich kann seine Ursprünge und seine Dynamik nachvollziehen. Aber was ist mit den amerikanischen und anderen Universitäten? Ist die Jugend in einem solchen Ausmaß radikalisiert? Wie konnte dieser Judenhass so weit in die Colleges und Universitäten einsickern? Ich vermute, dass die Quelle in sozialen oder ethnischen Gruppen zu finden ist, die unterprivilegiert sind oder sich selbst als unterprivilegiert betrachten und die Juden als ein überprivilegiertes Segment der Gesellschaft ansehen. Anders als einige meiner Freunde glaube ich nicht, dass wir es mit verschiedenen Ausformungen ein und desselben religiösen Hasses zu tun haben. Nein, wir haben es mit einer Radikalisierung zu tun, vor allem unter jungen Menschen, denen der liberale Sozialismus (Sozialdemokratie) zu zahm ist und die ihre Forderungen und ihren Hass auf einen konkreten Feind projizieren müssen: die Juden. Die Juden wirken schlicht überprivilegiert und werden natürlich mit einem Gebilde, Israel, assoziiert, das eine unterprivilegierte Gruppe, die Palästinenser, schlecht behandelt. Wenn die Palästinenser einen eigenen Staat bekommen (oder zumindest von Israel versprochen bekommen), könnte dieses Argument langsam verschwinden.

Leider stellen die Siedler ein enormes Hindernis dar. Heute haben die USA beschlossen, Siedlern, die wegen Gewalt gegen Palästinenser verurteilt wurden, kein Visum zu erteilen. Obwohl einige von ihnen Amerikaner sind, wird sie das mit Sicherheit nicht abschrecken.

Heute Morgen (in Israel) fand ein sehr schmerzhaftes Treffen zwischen gekidnappten Frauen, die freigelassen wurden, und dem Kriegskabinett statt. Die Frauen befürchten, dass die Maßnahmen der IDF zur Neutralisierung der Tunnel dazu führen werden, dass ihre Angehörigen, die in diesen Tunneln festgehalten werden, getötet werden. Netanjahu las eine vorbereitete Erklärung vor, anstatt empathisch mit ihnen zu sprechen, wie es ihre Situation erfordert hätte.

6. Dezember 2023

Die IDF erwägen die Auflösung einer vor ein paar Jahren gegründeten Siedlereinheit namens «Sfar Midbar» (Wüstengrenze), und zwar wegen wiederholter Gewalt gegen Palästinenser und linke Aktivisten.

Der Kampf um Chan Yunis, die wichtigste Stadt im Süden der Enklave, geht weiter. Der Krieg könnte sich noch wochenlang hinziehen, wenn nicht noch länger. Israel versucht, Jahia Sinwar und Mohammed Deif, die beiden führenden Köpfe der Hamas im Gazastreifen, zu finden, vorerst ohne Erfolg. Unterdessen befindet sich die Zivilbevölkerung in einer katastrophalen Lage, auch wenn täglich Hilfsgüter in die Enklave gelangen. Im Moment setzen die USA Israel nicht allzu sehr unter Druck; aber wie lange wird die amerikanische Unterstützung noch anhalten, bevor Präsident Biden Netanjahu zu operativen Einschränkungen und vor allem zu Regelungen für die Nachkriegszeit drängt?

Heute hat Mahmud Abbas, der alte und korrupte Chef der Palästinensischen Autonomiebehörde, angekündigt, er sei bereit, nach dem Krieg die Regierung der Enklave zu übernehmen. Netanjahu erwiderte darauf, solange er Premierminister sei, werde dies nicht passieren.

So weit sind wir im Moment noch nicht. Netanjahu gab bekannt, dass Sinwars Haus eingenommen worden sei, aber Sinwar selbst befindet sich in einem der Tunnel. Ich frage mich, ob die Hamas vollständig eliminiert werden kann; wir sollten zufrieden sein, solange sie weder kämpfen noch regieren kann. Israels Hauptaufgabe besteht nicht nur darin, diesen Krieg militärisch zu gewinnen, sondern einen dauerhaften Frieden zu erreichen. Das bedeutet nicht notwendigerweise, dass Abbas die Enklave regiert; es gibt andere mögliche Formeln, aber es bedeutet, dass ein palästinensischer Staat in Sicht sein muss. Das bedeutet notwendigerweise einen Regierungswechsel in Israel, ohne die Extremisten und ohne den Mann, der sie in die Regierung geholt hat, um seine eigene Haut zu retten: Netanjahu.

Ich will noch einmal kurz auf den Antisemitismus zurückkommen, auf das eigentliche Thema. Vor einigen Wochen schrieb ich, dass ich mein Leben unter der Wolke des Antisemitismus begonnen habe und dass ich es unter derselben Wolke beenden werde. Gott sei Dank handelt es sich nicht um die gleiche Wolke. Lassen Sie mich in den April 1939 zurückgehen, als meine Eltern und ich als verfolgte Juden aus Prag, wo ich geboren wurde und das gerade von den Deutschen besetzt worden war, nach Paris kamen. Aus den Briefen meiner Eltern kann ich nachvollziehen, wie viele Stunden, Tage und Wochen sie bei der Polizeipräfektur Schlange standen, um eine Aufenthaltsgenehmigung für Paris zu erhalten, dann die Monate, die jeder von ihnen damit zubrachte, einen Beruf zu erlernen, um den Lebensunterhalt zu verdienen (während ich in einem Kinderheim war). Meine Mutter wurde Kosmetikerin, was für zwei weitere Jahre nützlich war, als wir in Zentralfrankreich lebten, nachdem wir ein weiteres Mal aus dem von den Deutschen besetzten Paris entkommen waren. Mein Vater, der in Prag Jurist in einer Versicherungsgesellschaft gewesen war, lernte Käse zu machen, in der Hoffnung, ein Visum für Kanada zu erhalten, das er nie bekam; schließlich gab er Deutschunterricht. Was erhofften sich die beiden, was sie nie bekamen? Ein Visum (Zertifikat) für Palästina, wo man sich, wie mein Vater in einem seiner Briefe schrieb, trotz aller Schwierigkeiten als freier Mensch fühle. Sie haben es nie nach Palästina geschafft. Sie wurden in Auschwitz ermordet. Das war der damalige Antisemitismus. Palästina als Hoffnung und Israel als Realität waren und sind die Rechtfertigung für die Existenz eines jüdischen Staates auf dem Boden Israels. Für mich ist das die einzig gültige und völlig überzeugende Begründung, unter der Bedingung, dass wir den Menschen, die wir enteignet haben, Gerechtigkeit widerfahren lassen und das Land mit ihnen teilen. Andernfalls wird es in der einen oder anderen Form immer eine Art von Opposition, eine Art von Widerstand gegen unsere Anwesenheit geben. Wir sollten uns da nichts vormachen.

Auf Druck der USA hat das israelische Kabinett zugestimmt, dass mehr Treibstoff in die Enklave geliefert wird. Offenbar werden der Präsident und ein wichtiger Teil der Regierung ungeduldig angesichts der ihrer Meinung nach unzureichenden israelischen Bemühungen, das Leid der Bevölkerung zu lindern.

7. Dezember 2023

Jair Golan, ein ehemaliger General, der irgendwann einmal stellvertretender Generalstabschef war, geht in die Politik und will die israelische Linke wiederbeleben, die zweifellos frisches Blut braucht. Meiner Meinung nach hat er die richtigen Ideen, aber die israelische Politik hat schon viele kluge und mutige Anfänger gesehen. Wünschen wir ihm viel Erfolg!

Der Sohn des ehemaligen Generalstabschefs und jetzigen Mitglieds des Kriegskabinetts, Gad Eisenkot, ist heute in Gaza gefallen.

Zum ersten Mal hat das israelische Fernsehen Bilder von Dutzenden, vielleicht Hunderten von Hamas-Gefangenen gezeigt. Außerdem war heute der ruhigste Tag seit dem 7. Oktober, was den Beschuss Israels mit Raketen aus der Enklave angeht. Ist das ein Zeichen für den Anfang vom Ende? Ich glaube nicht, solange Deif und vor allem Sinwar nicht gefasst oder getötet worden sind.

Wir haben heute eine E-Mail von Leuten bekommen, die wir seit einigen Jahren kennen und die wir als Freunde betrachten. Die Frau, die schrieb, äußert sich kritisch zu dem schrecklichen Gemetzel, das die IDF in Gaza verübten. Weder nach dem 7. Oktober noch seitdem haben wir von ihr auch nur ein Wort über die massakrierten oder als Geiseln genommenen Israelis gehört. In Situationen wie der jetzigen werden viele so genannte Freundschaften auf die Probe gestellt und müssen beweisen, ob sie tatsächlich etwas taugen.

8. Dezember 2023

Gut informierten israelischen Quellen zufolge will Präsident Biden, dass die IDF ihre Operationen bis zum Ende des Jahres abschließen. UN-Generalsekretär António Guterres wird in einer Abstimmung im Sicherheitsrat Artikel 99 der UN-Charta anwenden, um die Operationen in der Enklave zu beenden, bevor es zu einer «humanitären Katastrophe» kommt. Dieser Artikel wurde seit dem Bangladesch-Krieg vor fünfzig Jahren nicht mehr aktiviert.

Die Vereinigten Staaten legten ihr Veto ein, Großbritannien enthielt sich, dreizehn Länder stimmten für die Resolution. Das zeigt, dass die Uhr für Israels Kampf am 31. Dezember abläuft.

Al-Arabiya, der Fernsehsender der Vereinigten Arabischen Emirate, zeigte eine ältere Palästinenserin, die rief, dass die Hamas die humanitäre Hilfe, die in der Enklave ankomme, stehle und in ihren Tunneln horte. «Erschießt mich, wenn ihr wollt», fügte sie hinzu. Das mit dem Diebstahl kann natürlich teilweise stimmen. Während die Kämpfe in Chan Yunis weitergehen, sind offenbar neue Verhandlungen mit Ägypten als Hauptvermittler geplant: Die Hamas würde demnach die Frauen und Kinder, die sie noch immer als Geiseln hält, im Austausch gegen eine bestimmte Anzahl palästinensischer Gefangener in den Händen Israels freilassen. Es besteht kein Zweifel daran, dass die Geiseln in der gesamten Strategie der Hamas eine wichtige Trumpfkarte darstellen.

Während dieser ganzen Zeit herrscht an der libanesischen Grenze Krieg – wenn auch mit geringer Intensität – zwischen Israel und der Hisbollah.

9./10. Dezember 2023

Netanjahu spielt jetzt die Rolle des harten Mannes und lässt keine Gelegenheit aus, sich in Uniform bei den Truppen zu zeigen; er kann Bidens Frist ablehnen und seinen «Mut» unter Beweis stellen, indem er den Krieg in Gaza gegen die ganze Welt fortsetzt, obwohl das vernünftige Ziel nicht darin besteht, die Hamas auszulöschen, sondern dafür zu sorgen, dass sie nach dem Krieg nicht mehr in Gaza regiert. Er wird alles tun, um den Prozess wegen Korruption abzuwenden, der ihn erwartet. Sein Sohn Jair hat einen Diplomatenpass bekommen ...

Mir kommt der Gedanke, dass Netanjahu vielleicht zu Bidens Schwierigkeiten mit den Progressiven und zu Trumps Wahlsieg beitragen will. Die US-Regierung umgeht den Kongress und liefert in einem «Notfallgeschäft» 14 000 Ladungen Panzermunition an Israel.

Der Krieg mit der Hisbollah wird immer hitziger. Offenbar hatte Verteidigungsminister Galant von Anfang an die Absicht, die vom Iran unterstützte Organisation mit aller Kraft zu bekämpfen. Aus welchem Grund? Im Süden des Gazastreifens nimmt das Leid der Zivilbevölkerung trotz der verstärkten humanitären Hilfe nicht ab.

11. Dezember 2023

Heute wurden in der *New York Times* Einzelheiten über Netanjahus gravierenden, jahrzehntelangen strategischen Fehler in Bezug auf die Hamas bekannt. Jahrelang förderte der Premierminister Zahlungen aus Katar an den Gazastreifen, um die Enklave ruhig zu halten und ein Gegengewicht zur Palästinensischen Autonomiebehörde im Westjordanland aufzubauen, sprich: um einen möglichen palästinensischen Staat zu verhindern. Natürlich ging ein Teil des Geldes an die Hamas und finanzierte deren militärische Vorbereitungen. Avigdor Lieberman, der eine Zeit lang Verteidigungsminister in der Regierung Netanjahu war, erkannte die Gefahr und trat zurück, als es zu keinem Politikwechsel kam. Die Finanzierung des Gazastreifens ging weiter, und irgendwann wurde das Geld mit israelischer Unterstützung einfach in Koffern aus Katar überbracht. Indirekt wurde damit weiterhin die Hamas finanziert.

Ich muss noch einmal das Zitat vom Anfang dieses Tagebuchs zitieren: «Ich kann gar nicht so viel fressen, wie ich kotzen möchte.» Enthüllung folgt auf Enthüllung, eine ungeheuerlicher als die andere, und der Krieg geht weiter, ohne dass ein baldiges Ende in Sicht wäre. Insofern ist es vielleicht an der Zeit, diesen Text abzuschließen.

Ich gebe zu, dass die kommenden Wochen und vor allem das, was danach geschieht, für mich in tiefem Nebel verborgen sind. Dennoch will ich kurz darlegen, wie ich mir eine mögliche Zukunft vorstelle. Hoffentlich eine bessere Zukunft.

Der Krieg wird noch einige Wochen oder sogar Monate andauern, mit wachsendem Druck auf Israel, auch von Seiten der Vereinigten Staaten. Der Ausgang der Kämpfe am Boden, gegen die Fußsoldaten der Hamas, wird zu gegebener Zeit dazu führen, dass Israel die Kontrolle über die gesamte Enklave übernimmt. Die Führung der Hamas, die sich bisher im Untergrund verschanzt hat, wird wahrscheinlich in ein islamisches Land fliehen (oder fliehen dürfen). Einzelne Widerstandsgruppen könnten noch lange Zeit in den Tunneln ausharren. Die wichtigsten Fragen betreffen jedoch das, was danach kommt. Wenn die Kämpfe abklingen, treten die Hauptprobleme erst zutage.

Erstens stellt sich für Israel vor allem eine dringliche Frage: Wo sind die Geiseln? Sie müssen sofort freigelassen werden, vielleicht als Garantie für eine sichere Flucht der Hamas-Führung. Dann, und nur dann, können die anderen Fragen diskutiert werden. An erster Stelle steht die Frage, welche Länder und Organisationen den physischen Wiederaufbau der Enklave übernehmen werden. Dann, und das ist für Israel eine wichtige Frage, welche Form von Regierung und Sicherheitskontrolle garantieren wird, dass die Hamas nicht wieder in der Enklave auftauchen und zu einer Bedrohung werden kann?

Die letzte Frage ist natürlich die schwierigste. Es wird

Debatten geben darüber, wie eine in der Enklave stationierte internationale Überwachungstruppe zusammengesetzt sein soll, wie breit eine entmilitarisierte Zone zwischen Israel und Gaza sein soll usw. Die wichtigste Frage wird die nach der langfristigen politischen Zukunft der Enklave zusammen mit dem Westjordanland sein. Die Antwort darauf wird von der dann amtierenden israelischen Regierung abhängen.

Die derzeitige Koalition wird sich jeder Lösung widersetzen, die die Möglichkeit eines palästinensischen Staates einschließt, selbst wenn dies einen Konflikt mit den Vereinigten Staaten bedeutet. Aber die gegenwärtige Koalition könnte am Ende des Krieges zum Untergang verurteilt sein. Netanjahu wird für den 7. Oktober und viele frühere Fehler verantwortlich gemacht, und die Chancen stehen gut, dass er von der Macht verdrängt wird. Im Juli 2023 habe ich am Schluss des ersten Teils dieses Tagebuchs davon gesprochen, dass eine Gantz-Lapid-Koalition angesichts der persönlichen Feindseligkeit zwischen den beiden Politikern wenig wahrscheinlich sei, aber nun könnte eine Gantz-Eisenkot-Regierung in Frage kommen. Ob eine solche Regierung die Idee eines Palästinenserstaats akzeptieren würde, ist ebenfalls nicht sicher. Möglicherweise könnte sie ihn als langfristiges Projekt akzeptieren. Meiner Meinung nach ist das die einzige langfristige Lösung, die eine Chance hat, zu halten und einen dauerhaften Frieden und Sicherheit für alle zu gewährleisten.

Ich fürchte allerdings, dass ich abschließend noch einmal General de Gaulle zitieren muss: «In den komplizierten Orient reiste ich mit einfachen Ideen.»

SCHREIBPAUSE

Ich habe dieses Tagebuch aus verschiedenen Gründen für ein paar Wochen zur Seite gelegt. In der Zwischenzeit, von Mitte Dezember 2023 bis Mitte März 2024, überschlugen sich die Ereignisse innerhalb Israels, was den Krieg und die Situation in Gaza betrifft, aber auch im internationalen Kontext.

In Israel war und ist die Lage zunehmend durch die wachsende Unzufriedenheit eines großen Teils der Öffentlichkeit mit Premierminister Netanjahu und seiner Koalition bestimmt. Mochten die ersten Wochen des Krieges noch den Eindruck einer gewissen Einigkeit bei den Entscheidungen des Kriegskabinetts und in der Haltung der Öffentlichkeit vermittelt haben, so war dieser Eindruck nicht von Dauer. Die Verwerfungen, die unschwer zu erkennen sind, ergeben sich hauptsächlich aus der alten ideologischen und politischen Gegnerschaft einer mehrheitlich Mitte-links- und Mitte-rechts-orientierten Öffentlichkeit zu einer religiösen Koalition der harten Rechten, ihrer Politik in den besetzten Gebieten, ihrer Haltung bei den Verhandlungen über die Freilassung der Geiseln und auch ihrem Verhalten auf der internationalen Bühne. Ein weiterer Aspekt, der bei der großen Mehrheit der Bevölkerung offenbar für wachsende Frustration sorgt, ist die Befreiung der Ultrareligiösen vom Militärdienst.

In den besetzten Gebieten betreibt die Koalition eine Politik, deren Rigorosität von der Armee und vom Schin Beth als Quelle wachsender Unordnung kritisiert wurde, die aber dennoch gegen jede Vernunft durchgesetzt wird.

In den Verhandlungen über die Freilassung der Geiseln ist Netanjahu nicht bereit, die für eine Einigung notwendigen Zugeständnisse zu machen, ob nun hinsichtlich der Zahl der palästinensischen Gefangenen, die von Israel im Austausch gegen die Geiseln an die Hamas zurückgegeben werden sollen, der von der Hamas geforderten Dauer des Waffenstillstands oder der Zustimmung zur Rückkehr eines Teils der vertriebenen Palästinenser in den nördlichen Gazastreifen. Netanjahus Position ist offensichtlich von der Tatsache diktiert, dass Ben-Gvir und Smotrich gegen jegliche Zugeständnisse sind und seine Koalition zu Fall bringen könnten. Von Mitgliedern des Kriegskabinetts wie Gantz und Eisenkot wird die Haltung von Netanjahu zunehmend kritisiert; Gantz entschied sich sogar für eine Reise nach Washington und persönliche Gespräche mit den Amerikanern, ohne die Genehmigung des Ministerpräsidenten.

Auf der internationalen Bühne ist Israel durch die erwähnte kompromisslose Politik Netanjahus und seine Militärstrategie im Gazastreifen zunehmend isoliert, denn die wachsende menschliche Katastrophe in Gestalt von zivilen Opfern der Armeeoperationen, einem Mangel an angemessener Nahrungsmittelversorgung und einer kritischen Zusammendrängung der Bevölkerung spielt darin offenbar keinerlei Rolle. Die quasi allgemeine Kritik an Israel ist sicherlich zum Teil auf den außergewöhnlichen Anstieg des Antisemitismus zurückzuführen, der bereits in früheren Tagebucheinträgen erwähnt wurde, aber auch auf eine israelische Politik, die bei ihrer Kampagne zur Zerstörung der Hamas keine Kompromisse eingeht, was insbesondere für die Zivilbevölkerung katastrophale Folgen hat.

Selbst ein traditioneller Unterstützer Israels wie Präsident Biden steht der Politik Netanjahus in den besetzten Gebieten und seiner Strategie in Gaza zunehmend kritisch gegenüber. Das geht sogar so weit, dass er dem Fraktionsführer der Demokraten im Senat, Chuck Schumer, (offensichtlich) erlaubt hat, einen beispiellosen Angriff auf den israelischen Premierminister zu starten und in einer offiziellen Rede Neuwahlen in Israel zu fordern.

Die Befreiung der Ultrareligiösen vom Militärdienst ist ein Thema, das die große Mehrheit der Israelis und die Minderheit der Ultra-Orthodoxen (Charedim) zunehmend spaltet, denn durch das Massaker vom 7. Oktober und den Krieg ist ein dringender Bedarf an zusätzlichen Soldaten entstanden. Die Kabinettsdebatte zu diesem Thema wurde vorerst vertagt, aber Erklärungen wie die des sephardischen Oberrabbiners, wonach die Charedim das Land verlassen würden, wenn sie sich zum Militärdienst melden müssten, trugen nicht zur Beruhigung der Atmosphäre bei. Außerdem wird Netanjahu durch die Anrufung des Obersten Gerichtshofs gezwungen sein, die Angelegenheit dem Kabinett vorzulegen und in naher Zukunft eine Entscheidung zu treffen.*

* Am 25. Juni 2024 entschied der Oberste Gerichtshof Israels, dass die Regierung auch ultraorthodoxe Männer zum Militärdienst einberufen muss.

25. März 2024

Der Sicherheitsrat hat soeben mit 14 Ja-Stimmen und ohne amerikanisches Veto, lediglich mit einer amerikanischen Enthaltung, eine Resolution verabschiedet, die einen sofortigen Waffenstillstand im Gazastreifen anordnet, d. h. einen sofortigen israelischen Waffenstillstand, ohne jegliche Erwähnung der Hamas und der Rückkehr der Geiseln. Die Resolution wurde mit Beifall aufgenommen, und auch die Hamas begrüßte sie. Netanjahu sagte die Reise der israelischen Delegation nach Washington ab, die dort die Strategie für eine Militäroperation in Rafah vorstellen sollte. John Kirby, Koordinator für strategische Kommunikation im Nationalen Sicherheitsrat, erklärte zwar, dass sich die US-Politik gegenüber Israel nicht geändert habe und dass Verteidigungsminister Galant, der sich in Washington aufhält, mit Außenminister Anthony Blinken und Verteidigungsminister Lloyd Austin zusammentreffen werde, doch das ändert nichts an der Tatsache, dass die Haltung der USA als schallende Ohrfeige für Israel gedacht war und auch als solche wahrgenommen wird.

Viele Israelis, die von Netanjahus Wischiwaschi-Art bei den Verhandlungen über die Freilassung der Geiseln und auch ganz allgemein angewidert sind, dürften angesichts der Entschlossenheit der USA nicht unzufrieden sein.

26. März 2024

Die Hamas lehnte die jüngsten Vorschläge für eine Geiselfreilassung mit der Begründung ab, Israel ignoriere ihre wichtigsten Forderungen: Beendigung des Krieges, Räumung des Gazastreifens, Rückkehr der vertriebenen Bewohner des Gazastreifens in ihre Häuser und angemessener Austausch von Gefangenen. Netanjahu bezeichnete die Forderungen der Hamas als »wahnhaft« und wies sie seinerseits zurück. Die neuen Forderungen der Hamas wurden wahrscheinlich durch die Resolution des Sicherheitsrats befeuert, die Israel unter Druck setzt.

28. März 2024

Nachdem Netanjahu aller Welt erklärt hatte, dass er als Reaktion auf die Stimmenthaltung der USA im Sicherheitsrat die Entsendung einer Delegation nach Washington absagen würde, musste er nach dem Osterwochenende einräumen, dass er sie jetzt doch entsenden werde. Kein Mensch nimmt seine Erklärungen mehr ernst.

Unterdessen hat unser Premierminister ein Riesenproblem: die Einberufung der Ultrareligiösen (momentan 13 % der Israelis, aber viel schneller wachsend als die Durchschnittsbevölkerung), da das bestehende gesetzliche Flickwerk an ein Ende kommt. Netanjahus Erzfeindin, die Generalstaatsanwältin Gali Baharav-Miara, versuchte ihm ausnahmsweise beizuspringen und bat um einen kurzen Aufschub, doch der Oberste Gerichtshof entschied, dass die Charedim ab dem kommenden Montag, dem 1. April, eingezogen werden müssen oder im Falle einer Weigerung alle finanziellen Zuschüsse für ihre Schulen gestrichen werden. Sollte dies geschehen, könnten die religiösen Parteien sich möglicherweise zurückziehen, auch wenn sie dies noch nicht erklärt haben, was die Regierung zu Fall bringen würde. Außerdem droht der Verteidigungsminister mit seinem Rücktritt, sollten die Ultrareligiösen nicht wie alle anderen eingezogen werden. Falls das keine leere Drohung Galants ist, könnte auch sein Rücktritt die Regierung zu Fall bringen. Es besteht die Chance, Netanjahu vor die Tür zu setzen! Aber vielleicht findet unser Houdini noch einen Weg, um zu überleben. Wir sollten erst feiern, wenn er wirklich weg ist.

Die Kämpfe mit der Hisbollah im Norden werden von Tag zu Tag heftiger. Israel könnte bald in einen totalen Krieg an beiden Fronten verwickelt sein. Das wäre natürlich der denkbar schlechteste Zeitpunkt, um einen Wahlkampf zu starten.

29. März 2024

Eine offizielle amerikanische Quelle, die anonym bleiben wollte, bestätigte heute, dass im südlichen Gazastreifen die Gefahr einer Hungersnot besteht, dass aber im Norden von Gaza wahrscheinlich bereits Hunger herrscht. Gleichzeitig hat Galant während seines Aufenthalts in Washington die Amerikaner davon überzeugt, eine multinationale arabische Streitmacht (deren nationale Identität nicht bekannt gegeben wurde) aufzustellen. Sie soll im Gazastreifen eingesetzt werden, um die humanitären Hilfskonvois sowie die Lieferungen zu schützen, die in dem im April zu errichtenden künstlichen Hafen ankommen sollen, und Teil der geplanten arabischen Regierungsbehörde sein, die nach Kriegsende die Kontrolle über den Gazastreifen übernehmen soll. Nach Angaben israelischer Medien hat Galant Netanjahu den Kern seiner Gespräche in den USA mitgeteilt. Die gleichen Ideen hatte der Minister bereits im Januar in einer Kabinettssitzung geäußert. Der Fanatiker Smotrich sprach sich sofort dagegen aus und erklärte, dies würde eine Rückkehr zum 6. Oktober, dem Vorabend der Katastrophe, bedeuten.

30. März 2024

Gewalttätige Proteste in Israel durch Familien von Geiseln, die der Regierung und insbesondere Netanjahu vorwerfen, nicht genug für die Freilassung ihrer Angehörigen zu tun. «Wir werden das Land in Brand stecken», lautet eine ihrer Parolen. Die Verhandlungen über die Geiseln sollen am Sonntag in Ägypten wieder aufgenommen werden. In der gegenwärtigen Situation könnte es für die Hamas von Vorteil sein, die Gespräche in die Länge zu ziehen.

Die Armee plant, die Hilfe ultrareligiöser Rabbiner in Anspruch zu nehmen, um eine Lösung für die Einberufung der Charedim zu finden. Die vom Obersten Gerichtshof gesetzte Frist läuft morgen ab. Das ist die zweite große Krise im Inneren, mit der die israelische Gesellschaft gleichzeitig mit dem Krieg konfrontiert ist.

Etwa 400 Tonnen humanitäre Hilfe sind auf einem Schiff von Zypern aus auf dem Weg nach Gaza.

31. März 2024

Netanjahu wird heute Abend ins Hadassah-Krankenhaus in Jerusalem eingeliefert, um sich einer Leistenbruchoperation zu unterziehen. Yariv Levin wird interimistisch als Premierminister fungieren. 2013 hatte sich Netanjahu einem ähnlichen Eingriff unterzogen. Für heute bleibt sein Terminplan unverändert: Auf dem Programm stehen ein Treffen mit den Familien der Geiseln und eine Sitzung des Kriegskabinetts.

Die Generalstaatsanwältin teilte dem Verteidigungs- und dem Bildungsministerium mit, dass die Ultraorthodoxen ab morgen eingezogen werden müssten und dass es illegal sei, ihre Schulen aus anderen Quellen für den Verlust staatlicher Zuschüsse zu entschädigen. Am Abend beteiligten sich Zehntausende vor der Knesset an einer Kundgebung für die Rückkehr der Geiseln und forderten den Rücktritt Netanjahus. Die Bewegung für die Rückkehr der Geiseln agiert nun faktisch gemeinsam mit der früheren Protestbewegung gegen die Regierung Netanjahu.

1. April 2024

Mohammad Reza Zahedi, der Kommandeur der iranischen Revolutionsgarden in Syrien und im Libanon, wird in Damaskus bei einem israelischen Luftangriff auf das iranische Konsulat getötet. Es handelt sich nach Qasem Soleimani um den wichtigsten iranischen Militär, der von Israel getötet wurde, und es könnte zu Vergeltungsschlägen seitens Teherans kommen.

Zwei israelische Minister erörtern mit Washington die Operation in Rafah. Israel akzeptiert offenbar die amerikanischen Argumente gegen einen massiven Einsatz in der südlichen Stadt Gazas. Die Vereinigten Staaten haben zugestimmt, Israel 50 weitere F-15-Flugzeuge und 15 bis 30 moderne Raketen zu verkaufen.

Netanjahu bleibt noch einen Tag lang im Krankenhaus.

2. April 2024

Bei einem israelischen Angriff, der auf einen Fehler der Streitkräfte zurückzuführen ist, werden sieben Mitarbeiter der Hilfsorganisation World Central Kitchen (WCK) getötet, die auf dem Seeweg Lebensmittel aus Zypern lieferten. Netanjahu hat sich für den unbeabsichtigten Militärschlag entschuldigt, und es wurde eine offizielle Untersuchung auf höchster Ebene eingeleitet. Wie kommt es, dass die

Armee so viele Fehler macht? Ist es Bedenkenlosigkeit? Rücksichtslosigkeit gegenüber Menschenleben?

Tausende demonstrieren in Jerusalem für die Freilassung der Geiseln. Sie behaupten, dass «Netanjahu das Hindernis für einen Deal ist». Wahrscheinlich stimmt das, aber Neuwahlen werden das Land für mehrere Monate lähmen und eine Einigung unmöglich machen, bevor eine neue Regierung im Amt ist. Die Demonstration artet in Gewalt aus, sowohl auf Seiten der Demonstranten als auch auf Seiten der Polizei. Die Protestierer haben versucht, zum Wohnhaus des Premierministers in Jerusalem vorzudringen.

3. April 2024

Minister Gantz hält eine Pressekonferenz ab, in der er die Gewalt bei der gestrigen Demonstration der Familien der Geiseln in Jerusalem scharf kritisiert. Er fordert Neuwahlen im September, um genügend Zeit für die Beendigung des Krieges und die Vorbereitung des Wahlkampfs zu haben, bei dem Gantz und seine Partei, wie wir uns erinnern, die großen Favoriten sind. Netanjahu, der bisher zu möglichen Wahlen, die höchstwahrscheinlich seinen politischen Untergang bedeuten würden, geschwiegen hat, wird alles tun, um sie so lange wie möglich hinauszuschieben.

Netanjahus Privathaus in Jerusalem wird jetzt stärker geschützt.

Nach den Drohungen aus dem Iran hat Israel Reserveeinheiten für seine Flugabwehr einberufen.

Ein sehr schwieriges Gespräch zwischen dem britischen Premier Rishi Sunak und Netanjahu als Folge der Tötung der Entwicklungshelfer: Israel verliert gerade alle seine Freunde; in der internationalen öffentlichen Meinung ist es zunehmend isoliert. Sogar die öffentliche Meinung in den USA ändert sich dramatisch. Die ganze Situation ist eine Tragödie ohne eine erkennbare unmittelbare Lösung.

4. April 2024

Israel hat das GPS-System über Tel Aviv abgeschaltet, um einen möglichen iranischen Flugzeug- oder Drohnenangriff auf die Metropole zu vereiteln. Offenbar wird ein iranischer Vergeltungsschlag erwartet, auch wenn nicht klar ist, in welcher Form und wann. Ein regionaler Krieg ist wohl nicht zu befürchten. War diese Tötung zu diesem Zeitpunkt wirklich notwendig oder handelte es sich um eine weitere irrtümliche Operation?

Ich habe den Eindruck, dass Israel keine klaren Ziele für seine Operationen im Gazastreifen und anderswo hat und schon gar keine klaren Ziele für die Zeit danach. Außerdem scheint die Armee trotz der wiederholten Erklärungen des Verteidigungsministers weit davon entfernt zu sein, die Kampfkraft der Hamas ausgeschaltet zu haben.

In einem kurzen und scharfen Telefonat hat Präsident Biden Netanjahu seine Empörung über die Tötung der Entwicklungshelfer mitgeteilt. Israel öffnet neue Hilfskorridore für die Bevölkerung in Gaza.

5. April 2024

Scharfe US-Kritik bei der UNO am israelischen Angriff auf Mitarbeiter von Hilfsorganisationen: «Offensichtlich ist dies nicht der einzige Fehler.» Die Vereinigten Staaten legen jedoch ihr Veto gegen eine Forderung des russischen Vertreters im Sicherheitsrat ein, Israel wegen der Tötung von Reza Zahedi mit Sanktionen zu belegen. Präsident Biden erklärte, Israel erfülle seine Forderungen nach mehr Hilfe für die Bevölkerung des Gazastreifens.

Die Armee hat zwei hochrangige Offiziere wegen schwerwiegender Fehleinschätzungen und Verstößen gegen die Standardvorgehensweisen bei der versehentlichen Tötung der Entwicklungshelfer entlassen. Der Leiter von WCK fordert eine unabhängige Untersuchung.

Amerikanischen Geheimdienstquellen zufolge wird der iranische Schlag gegen Israel eine Flut von Drohnen und einige ballistische Raketen umfassen, aber in einem angemessenen Rahmen bleiben.

Die Hamas hat neue Vorschläge für ein Geiselabkommen abgelehnt. Präsident Biden hat an die ägyptischen und katarischen Unterhändler geschrieben, um Druck auf die Organisation auszuüben.

6. April 2024

Eine Hamas-Delegation wird morgen zu Gesprächen über die Geiseln nach Kairo zurückkehren, doch wie ich gestern bereits erwähnte, erklärte die Organisation, sie werde nicht von ihren früheren Forderungen abrücken. Wenn dies tatsächlich die Position der Hamas ist, dann war die Aufforderung von Präsident Biden an Ägypten und Katar, Druck auf die Organisation auszuüben, um sie zu einer Änderung ihrer starren Haltung zu bewegen, wirkungslos. Was können die Familien der Geiseln in dieser Situation verlangen? Und was werden die Amerikaner von Israel verlangen?

In Israel wird die iranische Vergeltung jeden Tag erwartet, insbesondere um das Pessachfest herum, das am 22. April beginnt.

7. April 2024

Die israelische Delegation reist nach Kairo. Berichten zufolge könnte ein zweiwöchiger Waffenstillstand ohne Unterbrechung vereinbart werden, da die USA entschlossen sind, Ergebnisse zu erzielen. Dieses Mal wird der Druck bei der Hamas liegen.

Vor ein paar Tagen habe ich geschrieben, dass es keine unmittelbare Lösung des Konflikts gibt. Wir werden sehen, ob ein energisches Eingreifen der USA etwas bewirken kann. Laut verschiedenen Medienberichten will Präsident Biden nichts Geringeres als die Rückkehr der Geiseln und ein Ende der Kämpfe. Im weiteren Verlauf sollte es dann zu einer Beilegung der Libanon-Krise und zur viel beschworenen Normalisierung der Beziehungen zwischen Israel und Saudi-Arabien kommen. Das sieht alles ein bisschen zu schön aus, um wahr zu sein. Unterdessen hat die Armee den Großteil ihrer Truppen aus dem Gazastreifen abgezogen und lässt große Mengen an humanitärer Hilfe in die Enklave. Das könnte ein erstes Anzeichen für den Einfluss der USA sein.

Achtzehn Rabbiner, die der Schas-Partei angehören, haben eine wütende Erklärung veröffentlicht, in der sie sich gegen jede Regelung bezüglich der Einberufung von jungen Charedim aussprechen: «Das Ziel der Regierung ist es, diese jungen Männer einer säkularen Kultur zu unterwerfen und sie zu assimilieren.»

Heute, sechs Monate nach dem 7. Oktober, erinnert sich Israel. Neben Bildern der Zerstörung, die die Hamas an diesem Tag hinterließ, und Interviews mit Familienangehörigen von Ermordeten und verschleppten Geiseln gibt es auch einige politische Resümees: Eine große Mehrheit der Israelis ist der Ansicht, dass Netanjahu für die Katastrophe verantwortlich ist und am Ende des Krieges zurücktreten sollte. Das gleiche Urteil gilt für den Generalstabschef und eine Reihe hochrangiger Offiziere. Bei Wahlumfragen ergibt sich eine klare Mehrheit für die Gantz-Lapid-Koalition im Vergleich zu der jetzt regierenden Koalition. Interessanterweise gewinnt Ben-Gvir einige Mandate hinzu, während Smotrich von der politischen Bühne verschwindet.

8. April 2024

In einem Fernsehinterview erklärt John Kirby, dass der Abzug der israelischen Truppen aus großen Teilen der Enklave eher einer »Rest and regroup»-Operation als einem wirklichen Rückzug ähnele; die Frage einer weiteren Operation in Rafah, die von den USA und den meisten westlichen Staaten wegen der möglichen zivilen Opfer abgelehnt wird und die Israel als unerlässlich für den Sieg über die Hamas betrachtet, ist noch nicht entschieden. Das israelische Kriegskabinett tritt heute Abend zu einer Sondersitzung zusammen. Der Premierminister argumentiert, nur ein militärischer Sieg (Rafah) könne die Rückkehr der Geiseln gewährleisten.

Es scheint, dass eine Mehrheit des Kriegskabinetts die US-Vorschläge befürwortet, die die Freilassung von 100 Hamas-Gefangenen, die des Mordes beschuldigt werden, und eine umfassendere Rückkehr der Palästinenser in den Norden der Enklave vorsehen, während Netanjahu unter dem Druck seiner Koalition dagegen ist: «Es gibt ein Datum für die Operation in Rafah», erklärte er. Er wird alles tun, um seine Koalition am Leben zu halten und eine Anklage gegen sich zu vermeiden. Hoffen wir, dass Biden dieses Mal standhaft bleibt. Die Haltung Netanjahus stellt ein großes Hindernis für die Rückkehr der Geiseln dar. Die USA bleiben optimistisch, während die Hamas sagt, sie habe die neuen Vorschläge abgelehnt, aber Sinwars Antwort steht noch aus; vielleicht wartet er auf die Vergeltung des Iran.

9. April 2024

Die israelischen Streitkräfte erklären, dass sie die Rückkehr von Hunderttausenden Palästinensern in den Norden der Enklave bewältigen können. Kurz: Israel akzeptiert einen Großteil der US-Vorschläge. Darüber hinaus verbessert Israel auf amerikanische und britische Forderungen hin ernsthaft den Zugang für humanitäre Hilfe. Warum hat Israel das nicht von sich aus getan, ohne internationalen Druck? Und war eine solch immense Zerstörung notwendig? Diese und viele andere Fragen werden nicht verschwinden.

10. April 2024

Mit Blick auf die Drohungen des Iran bekräftigt Präsident Biden erneut die eiserne Unterstützung der USA für die Sicherheit Israels.

Gestern erreichten 468 Lastwagen mit humanitärer Hilfe die Enklave. Außerdem wird die Hilfe auf dem Seeweg von Zypern aus, die nach der Tötung von sieben WCK-Mitarbeitern unterbrochen wurde, wieder aufgenommen.

Die Hamas erklärte den Unterhändlern, sie verfüge nicht über die 40 Geiseln, die für die erste Runde des Austauschs erforderlich sind. Israel befürchtet, dass sie tot sind. Es kann aber auch wie gesagt sein, dass Sinwar auf die iranische Vergeltung und ihre Folgen wartet.

11. April 2024

Zum ersten Mal wird im Oktober eine arabische Professorin Rektorin einer israelischen Universität, der Universität Haifa. Ausnahmsweise mal eine gute Nachricht.

Laufende Verhandlungen zwischen der Koalition und

den Ultra-Orthodoxen über eine Regelung für die Einberufung von Jeschiwa-Studenten.

Nach den amerikanischen Warnungen hat der Iran offenbar seinen Angriff auf Israel verschoben, oder es handelt sich um eine kleine Geste. Gleichwohl hat die Drohung ganz Israel in Aufregung versetzt.

13. April 2024

Im Westjordanland wird nach zweitägiger Suche die Leiche des 14-jährigen Benjamin Achimeir, eines Jugendlichen aus einer der Siedlungen, gefunden. Siedler haben bereits einen Palästinenser als Vergeltung getötet, und Truppen aus dem Gazastreifen wurden hierher verlegt, um die Unruhen einzudämmen.

In Israel werden Maßnahmen in Erwartung eines iranischen Angriffs entweder in der kommenden Nacht oder am morgigen Tag ergriffen. Die Schulen bleiben geschlossen, Flugzeuge sind in der Luft usw.

Um 20.45 Uhr israelischer Zeit wurde bekannt gegeben, dass vom Iran und Irak aus Drohnen gestartet wurden. Sie werden einige Zeit brauchen, um ihre Ziele zu erreichen. In Israel und in den USA war der Angriff bereits im Vorfeld bekannt, weshalb alle Sicherheitsmaßnahmen ergriffen wurden. Wird Israel darauf reagieren und einen Angriff auf den Iran starten? Die Entscheidung hängt von Tel Aviv und von Washington ab.

Der Iran hat Hunderte von Drohnen, Marschflugkörpern und ballistischen Raketen abgefeuert. Es handelt sich um einen Großangriff gegen Israel aus dem Iran, dem

Irak, Syrien, dem Südlibanon, dem Jemen und wahrscheinlich auch aus anderen Ländern. Ziel scheinen die Golanhöhen und der Negev zu sein.

Nach einer Weile wird klar, dass die Iraner keine größeren Schäden anrichten konnten. Das war eine enorme Leistung Israels und der USA und – bemerkenswerterweise – der von den USA geschmiedeten Koalition arabisch-sunnitischer Staaten, die mit Israel kooperierte und sich an seiner Verteidigung beteiligte.

14. April 2024

Gestern forderte Präsident Biden in einem kurzen Telefongespräch mit Netanjahu, dass Israel von einer sofortigen militärischen Reaktion absehen solle. Nach Rücksprache mit Gantz und Galant, zwei Mitgliedern des Kriegskabinetts, stimmte Netanjahu zu, jegliche Vergeltungsmaßnahmen vorerst aufzuschieben.

Die Hamas lehnte die Vorschläge für ein Geiselabkommen erneut ab und wiederholte ihre ursprünglichen Forderungen. Daraufhin bezeichneten die USA die Haltung der Organisation als «Skandal», aber es gibt kaum Druckmittel, die Sinwars Haltung beeinflussen könnten. Die Familien in Israel haben erklärt, wenn die Beendigung des Krieges die notwendige Voraussetzung für die Rückkehr der Geiseln sei, dann solle man den Krieg beenden und später sehen, wie man mit der Bedrohung aus dem Gazastreifen umgeht.

15. April 2024

Offenbar sind einige ballistische Raketen Irans dann doch der israelischen Verteidigung entgangen und haben den Luftwaffenstützpunkt Nevatim getroffen, wobei sie sehr leichten Schaden anrichteten, sowie einen weiteren Militärstützpunkt im Negev, der etwas größere Schäden zu verzeichnen hatte, wie amerikanische Quellen berichten.

Aus der Antwort der Hamas wird deutlich, dass Sinwar gar keine Einigung bezüglich der Geiseln will.

17. April 2024

Es ist nach wie vor unklar, ob Israel trotz der kämpferischen Bekundungen Netanjahus Vergeltung für den iranischen Angriff von vor vier Tagen üben wird: Der Premierminister meinte möglicherweise, was er heute vor dem Kabinett sagte, als er bekräftigte, dass Israel reagieren und entscheiden werde, wann und wie, aber wie man ihn inzwischen kennt, weiß man auch, dass seine Haltung dazu dient, seine rechte Koalition über Wasser zu halten, da die meisten ihrer Mitglieder für einen massiven Vergeltungsschlag sind. Die Vereinigten Staaten und die meisten europäischen Länder wollen die Gefahr einer militärischen Eskalation, die durch eine israelische Antwort ausgelöst werden könnte, vermeiden und üben Druck auf Jerusalem aus.

18. April 2024

Heute wird die Palästinensische Autonomiebehörde den Sicherheitsrat bitten, Palästina als vollwertiges Mitglied der Vereinten Nationen anzuerkennen. Die Vereinigten Staaten werden wahrscheinlich von ihrem Veto Gebrauch machen. So sehr ich mir einen palästinensischen Staat im Rahmen einer Zwei-Staaten-Lösung wünsche, hat dieser Antrag gar nichts damit zu tun und würde, wenn er im gegenwärtigen Kontext erfüllt wird, eher ein weiteres Kriegsinstrument gegen Israel als ein Friedensinstrument darstellen.

Die Vereinigten Staaten sprechen sich weiterhin gegen eine israelische Operation in Rafah aus. Netanjahu hat offenbar keine Anweisungen an die Armee gegeben und beruft auch keine Sitzung des Kriegskabinetts oder des erweiterten Kabinetts zu diesem Thema ein.

Heute Abend hat Israel seinen Vergeltungsschlag gegen den Iran begonnen: Israelische Flugzeuge griffen einen iranischen Luftwaffenstützpunkt in der Nähe von Isfahan an; nach den vorliegenden Informationen war der israelische Vergeltungsschlag begrenzt und präzise, wahrscheinlich um eine Eskalation der Feindseligkeiten zu vermeiden.

19. April 2024

Ben-Gvir provoziert den Zorn des Kabinetts, indem er den israelischen Vergeltungsschlag «derdele» nennt, ein jiddisches Wort für «schwach» oder so ähnlich. In der Tat war die Vergeltung im Wesentlichen eine «pro forma», um einen Zyklus weiterer Schläge zu vermeiden. Die arabische Welt macht sich über «derdele» lustig ... Das ist genau die Art von Vergeltung, die richtig war, als die Entscheidung zur Vergeltung getroffen wurde ... Die USA erklären mit Nachdruck, dass sie an dem Angriff nicht beteiligt waren.

20. April 2024

Die politische Führung der Hamas, darunter Ismail Hanija, wird Katar wahrscheinlich in Richtung Türkei verlassen.

Das US-Repräsentantenhaus ist bereit, ein Hilfsgesetz für Israel in Höhe von 26 Milliarden Dollar zu verabschieden, das Teil eines umfangreichen Hilfspakets für die Ukraine, Israel und Taiwan ist.

21. April 2024

Morgen feiern die meisten jüdischen Familien in Israel und viele Juden in der Diaspora den Seder, das Festmahl, das die Pessachwoche einläutet. Es erinnert an die Errettung der israelitischen Sklaven aus der ägyptischen Knechtschaft, an den Auszug aus der Sklaverei in die Freiheit. Die Familien der Geiseln werden den Seder mit schwerem Herzen feiern: Ihre Angehörigen befinden sich noch immer in den Händen der Hamas, die jedes Mal neue Bedingungen für einen Austausch stellt. Es gibt für sie keinen Ausgang aus der Sklaverei in die Freiheit. Und niemand weiß, wie viele noch am Leben sind. Das Warten ist für die Familien zu einer unsäglichen Qual geworden, zumal es keine erkennbare Möglichkeit gibt, die Hamas zum Einlenken zu zwingen, bevor es für alle zu spät ist.

Ob Sinwar ein Psychopath ist, wie man sagt, weiß ich nicht, aber ob Israel mit einem palästinensischen Staat unter seiner Führung in Frieden leben könnte, ist sehr zweifelhaft. Wenn wir also nicht alle paar Jahre einen Krieg wollen, muss der Zwei-Staaten-Prozess über einen längeren Zeitraum in mehreren systematischen Etappen unter amerikanischer Führung stattfinden. Aber kann man eine solche Standhaftigkeit der USA über die notwendige Zeitspanne erwarten? Angesichts der gegenwärtigen Unwägbarkeiten der amerikanischen Politik ist das alles andere als sicher. Sollten wir also an diesem Pessach-Abend Dayans Vision eines endlosen Konflikts mit den Palästinensern akzeptieren? Ich weigere mich, das einzugestehen.

22. April 2024

In den frühen 1950er Jahren, als die wirtschaftliche Lage Israels katastrophal wurde und wir in eine mehrjährige Phase der Entbehrungen eintraten, gab es einen Witz, in dem sich ein Optimist und ein Pessimist unterhielten. Der Optimist meinte, die Lösung sollte darin bestehen, den USA den Krieg zu erklären und sich von den siegreichen Amerikanern besetzen zu lassen; dann gäbe es keine Entbehrungen mehr. Darauf entgegnete der Pessimist: «Und was ist, wenn wir gewinnen?» Heute, so scheint es mir, gibt es keine Witze mehr: Es gibt zu viel Traurigkeit und Sorge überall.

23. April 2024

Seit genau zweihundert Tagen befinden sich 133 Geiseln in der Hand der Hamas. Wie viele sind noch am Leben? In Israel demonstrieren und flehen die Familien tagein, tagaus, ohne Erfolg.

Der US-Senat hat für das Militärhilfepaket für Israel gestimmt.

Die pro-palästinensischen Demonstrationen an der Columbia University gehen so weit, dass gestern einer der Rabbiner der Universität den jüdischen Studenten riet, den Campus zu meiden. Eine Reihe von Lehrveranstaltungen wird bis auf Weiteres online abgehalten.

24. April 2024

Der israelische Generalstabschef und der Leiter des Sicherheitsdienstes besuchten heute Kairo, um die bevorstehende Operation in Rafah zu besprechen; sie muss von Netanjahu genehmigt werden. Ich frage mich, ob die USA, die strikt dagegen waren, ihr Einverständnis gegeben haben. Man kann nur hoffen, dass alle Maßnahmen ergriffen wurden, um so viele Zivilisten wie möglich zu verschonen.

Hersch Goldberg-Polin, eine 24 Jahre alte Geisel, die auf dem Nova-Tanzfestival entführt wurde, erschien in einem vorab aufgenommenen Video, das von der Hamas veröffentlicht wurde. Er erklärte, dass etwa 70 der Geiseln bei israelischen Bombenangriffen getötet worden seien (israelische Quellen schätzen die Zahl der getöteten Gefangenen auf eher 35), aber wenn die derzeitige Situation fortdauert, werden die übrigen Geiseln an Misshandlungen sowie dem Mangel an Nahrung und medizinischer Versorgung zugrunde gehen.

Ich habe einen ausführlichen Bericht über den Kibbuz Be'eri gelesen, der am 6. Oktober 2023 seinen siebzigsten Jahrestag feierte und tags darauf eines der Hauptziele der Hamas war. Viele seiner Mitglieder gehörten der israelischen Linken an und engagierten sich in verschiedenen Aktivitäten für den Frieden mit den Palästinensern, sei es durch direkte politische Friedensbemühungen oder durch einfallsreiche Initiativen wie den Transport kranker Patienten aus dem Gazastreifen in israelische Krankenhäuser, das Sammeln von Geld für die Bewohner des Gazastreifens und Ähnliches. Man kann sich fragen, wie diejenigen, die den Terroranschlag der Hamas überlebt haben, die Zukunft sehen. Sind sie in der Lage, zwischen der Hamas und der normalen palästinensischen Bevölkerung zu unterscheiden, sind auch sie der Ansicht, dass der Frieden schrittweise und über einen langen Zeitraum hinweg kommen muss, oder sind sie verbittert und ohne jeden Glauben an ihre vergangenen Ideale?

25. April 2024

Die Agitation von Studenten gegen Israel breitet sich auf die großen Universitäten überall in den USA aus; sie scheint von einer harten Linken dominiert zu werden, die die Thesen der Hamas vertritt. Es kommt zu zahlreichen Zusammenstößen mit der Polizei und zu Verhaftungen, was die Demonstranten jedoch nur noch mehr anspornt. Dies ist nicht 1968. Um Karl Marx (leicht abgewandelt) zu paraphrasieren: Das erste Mal war es ein Drama, das zweite Mal ist es eine Karikatur.

Den Ägyptern zufolge lautet der Vorschlag der Hamas für die Freilassung der Geiseln wie folgt: kein Angriff auf Rafah, ein Jahr Waffenstillstand, in dem ein Plan zur Schaffung eines palästinensischen Staates erörtert werden soll, Freilassung von 50 palästinensischen Gefangenen für jeden israelischen Soldaten und von 30 Gefangenen für jeden Zivilisten. Es ist schwer zu glauben, dass die derzeitige israelische Koalition diese Bedingungen akzeptieren wird, aber sie könnte immerhin einen Gegenvorschlag machen.

26. April 2024

Die Proteste, die die Columbia-Universität erschüttert haben, haben sich ausgeweitet; die University of Southern California hat ihre Eröffnungsfeier abgesagt, um der Agitation ein Ende zu setzen, und die UCLA, meine eigene Universität, wird wahrscheinlich ein Camp wie in New York erleben, nur bei besserem Wetter … Unterdessen haben die Leiter israelischer Universitäten ihre Bereitschaft erklärt, jüdische amerikanische Studenten und Wissenschaftler aufzunehmen, die sich von ihren Institutionen in den Staaten ausgeschlossen fühlen.

Der Anführer der Columbia-Studenten erklärte, die Menschen könnten dankbar sein, dass er nicht herumgehe und Zionisten töte, und dass Zionisten den Tod verdienten. Wirklich nett, oder?

Eine ägyptische Delegation traf in Israel ein, um über den Vorschlag der Hamas für ein mögliches Geiselabkommen zu verhandeln. Ägypten scheint ein stärkerer Vermittler zu sein als Katar. In Israel werden die ersten Verhandlungen als positiv angesehen, aber man weiß auch, dass die Ägypter die Operation in Rafah verhindern wollen.

27. April 2024

Laut israelischen Nachrichtensendern akzeptiert Netanjahu im Wesentlichen den von den Ägyptern übermittelten Vorschlag für den Geiseldeal, wenn er ihn im Kriegskabinett bespricht, doch im größeren Kabinettskreis spricht er wegen Ben-Gvir und Smotrich anders. Der Mann ist ein verachtenswerter Betrüger.

Die Hamas veröffentlichte ein Video von zwei weiteren Geiseln: Keith Sigal und Omri Moran, zwei Männer mittleren Alters, die ziemlich mitgenommen aussahen und wirkten, als seien sie in sehr schlechter Verfassung.

Präsident Biden übermittelte über Tom Friedman eine Botschaft an Netanjahu, deren Bedeutung unmissverständlich ist: Wenn ihr nicht in Rafah einrückt, werdet ihr die Normalisierung der Beziehungen zu Saudi-Arabien bekommen, wenn ihr auf der Operation besteht, ist diese Normalisierung vom Tisch. Die Normalisierung der Beziehungen zu Saudi-Arabien war Netanjahus ultimatives Ziel, der Preis, der die «Abraham-Abkommen» krönen und seine größte außenpolitische Leistung darstellen sollte.

28. April 2024

Gantz macht deutlich, dass die Rückkehr der Geiseln für seine Partei wichtiger ist als die Rafah-Operation. Smotrich verurteilt, wie nicht anders zu erwarten, die Option von Gantz als demütigenden Defätismus. Wird dies nun endlich das Ende von Netanjahus Koalition sein? Ich – und so viele andere – haben das schon unzählige Male gehofft.

Die Hamas-Delegation wird morgen nach Kairo zurückkehren und die Antwort der Organisation auf den ägyptischen Vorschlag für einen Geiseldeal geben.

World Central Kitchen nimmt ihre Hilfstätigkeit im Gazastreifen wieder auf, nachdem sie vor zehn Tagen wegen der Tötung von sieben ihrer Mitarbeiter eingestellt wurde.

29. April 2024

In Israel ist man pessimistisch, was eine positive Antwort der Hamas auf den ägyptischen Vorschlag in Sachen Geiseln angeht; sie sollte heute bekannt werden. Nichtsdestoweniger wird eine Delegation nach Kairo aufbrechen. In Jerusalem ist man der Meinung, dass Sinwar ein Ende des Krieges will, während Israel lediglich bereit ist, einen vorübergehenden Waffenstillstand zu gewähren. Außerdem hat Israel nur die Freilassung von 33 Geiseln in der ersten Phase akzeptiert, weil man überzeugt ist, dass die anderen in dieser Gruppe (Frauen, ältere Menschen, Kinder, Verwundete) tot sind.

Präsident Biden ist offenbar strikt gegen die Operation in Rafah. Es würde mich wundern, wenn Netanjahu es wagen würde, gegen die ausdrückliche Aufforderung des US-Präsidenten zu handeln – wir werden es bald wissen.

30. April 2024

Alle warten auf die Antwort der Hamas. Ungeachtet des Vetos der USA besteht die Möglichkeit, dass Netanjahu im Falle einer negativen Antwort von Sinwar die Rafah-Operation wählt, um Ben-Gvir und Smotrich vom Rücktritt abzuhalten. Ein Angriff auf Rafah würde allerdings den Rücktritt von Eisenkot und wahrscheinlich auch den von Gantz nach sich ziehen. Dies wiederum würde Netanjahu in eine äußerst schwache Position bringen, da er zwei

Abtrünnigen ausgeliefert wäre, also eine sehr kleine Gruppierung großen Druck auf ihn ausüben könnte.

Die Protestbewegung der Studenten, die im Wesentlichen eine Anti-Israel-Bewegung ist, hat sich von der Columbia University auf die meisten großen US-Universitäten ausgeweitet. Sie fordert, Universitätsgelder aus Fonds abzuziehen, die mit Israel in Verbindung stehen, und folgt damit der BDS-Bewegung (Boykott, Desinvestition, Sanktionen), die seit mindestens einem Jahrzehnt an den Universitäten aktiv ist und ihrerseits auf eine ähnliche Bewegung zurückgeht, die gegen die Apartheid in Südafrika demonstrierte. Diese Studentenproteste orientieren sich an den Studentenbewegungen gegen den Vietnamkrieg in den späten 1960er Jahren.

Nimmt man noch die Frage möglicher Haftbefehle gegen führende israelische Militärs und Politiker hinzu, über die der Internationale Strafgerichtshof in Den Haag entscheiden wird, sowie die zunehmende Welle des Antisemitismus in der ganzen Welt, dann bekommt man eine Vorstellung davon, was es heute heißt, Israeli oder Jude zu sein.

Darauf gibt es nur eine Antwort: die Schaffung eines palästinensischen Staates, aber, wie ich immer wieder betone, schrittweise, möglicherweise über mehrere Jahre hinweg, bis sich die Palästinenser an die Idee und die Vorteile einer friedlichen Koexistenz mit Israel gewöhnt haben. In der Zwischenzeit wird ein Teil der Siedlungen exterritorialen Status erhalten, und ein Teil muss nach Israel zurückverlagert werden. Die zuvor besetzten Gebiete müssen unter internationaler, im Wesentlichen amerikanischer Kontrolle stehen, sonst hat der ganze Plan keine

Chance. Auf jeden Fall steht das Ganze Spitz auf Knopf, denn in Israel hat der Widerstand gegen die Idee eines palästinensischen Staates bereits zur Ermordung eines Premierministers geführt.

Dieses ganze hoffnungsvolle Projekt mag eine Illusion sein, ein Traum. Dessen bin ich mir durchaus bewusst. Aber die Alternative ist dieser endlose Kreislauf der Gewalt.

1. Mai 2024

An der UCLA mündeten die Zusammenstöße zwischen pro-palästinensischen und pro-israelischen Studierenden in gewalttätige Auseinandersetzungen. Unter den Pro-Palästinensern befinden sich auch einige Juden.

Noch keine Antwort der Hamas. Das Weiße Haus bleibt etwas optimistisch; in Ägypten herrscht Pessimismus; in Israel enthält man sich ausdrücklicher Kommentare.

2. Mai 2024

Ernsthafte Meinungsverschiedenheiten zwischen Netanjahu und den Leitern der Sicherheitskräfte (Armee und Sicherheitsdienste). Sie werfen dem Premierminister vor, er sei nicht in der Lage, Entscheidungen zu irgendeinem der drängenden Probleme des Landes zu treffen. Einige Kommentatoren erinnert dies an den «Aufstand der Generäle» am Vorabend des Sechs-Tage-Kriegs, der Premierminister Levi Eschkol dazu zwang, den Befehl zum Angriff auf die ägyptische Luftwaffe zu geben.

Präsident Biden sprach sich für friedliche Proteste aus, aber gegen die Gewalt und das Chaos, das an einigen Universitäten herrscht. Er erklärte auch, dass sich seine Politik in Bezug auf den Krieg zwischen Israel und Gaza nicht geändert habe. Die Republikaner unterstützen Israel weiterhin, während die Demokraten gespalten sind. Die

Gewalt an einigen Universitäten ist empörend, zumal sie sich zeitweise gegen jüdische Studierende und hier und da auch gegen Juden ganz allgemein richtet.

3. Mai 2024

Laut Patrick Kingsley, dem Korrespondenten der *New York Times* in Jerusalem, erwägt Israel, die Macht im Nachkriegs-Gaza mit einigen arabischen Staaten (Ägypten, Saudi-Arabien und den Emiraten) zu teilen. Endlich eine gute Nachricht für den Tag danach. Unterdessen hat Israel der Hamas offenbar ein Ultimatum gestellt: entweder eine Antwort innerhalb einer Woche oder ein Angriff auf Rafah.

Der Chef der CIA ist zu den Verhandlungen in Kairo eingetroffen. Die Hamas-Delegation wird voraussichtlich morgen eintreffen. Die entscheidende Frage ist, ob die Hamas ihre Forderungen geändert hat und sich flexibel zeigen wird.

Der Bürgermeister von New York gab bekannt, dass 60 % der am CCNY (City College of New York) verhafteten Demonstranten und 29 % der an der Columbia verhafteten Protestierer keine Verbindung zu irgendeiner Universität hatten. Es handelt sich lediglich um Krawallmacher, die von dem Chaos angezogen wurden.

4. Mai 2024

Israel wird keine Delegation nach Kairo entsenden, solange die Hamas keine Verhandlungsbereitschaft zeigt; die Absicht, die Operation in Rafah fortzusetzen, wird bekräftigt. Das alles soll vermutlich psychologischen Druck auf die Hamas ausüben. Ob das funktionieren wird?

Zusammenstöße in Tel Aviv und Jerusalem während der Kundgebungen für die Geiseln, zwischen Tausenden von Demonstranten und der Polizei. Die Demonstranten werfen Netanjahu vor, eine Einigung zu verhindern. Nach Angaben einer saudischen Quelle ist die Hamas bereit, 33 Geiseln für drei Wochen Waffenruhe freizulassen. Eine offizielle Antwort der Organisation liegt noch nicht vor.

5. Mai 2024

Verteidigungsminister Galant erklärte bei einem Besuch der Truppen im Gazastreifen, die Hamas nehme das israelische Angebot offenbar nicht an, was bedeute, dass die Operation in Rafah sowie an anderen Orten der Enklave sehr bald stattfinden werde. Galant bestätigte damit eine frühere Erklärung von Netanjahu. Es wird immer wahrscheinlicher, dass Netanjahu eine negative Antwort der Hamas wollte, um seine Koalition zu retten. Kurz nach den Erklärungen in Israel wurde bekannt, dass die Verhandlungen in Kairo ohne Einigung beendet wurden.

Heute Abend beginnt in Israel der Holocaust-Gedenktag. Er ermöglichte es Netanjahu, billige Vergleiche zu ziehen, um die Operation in Rafah zu rechtfertigen: Damals hätten die führenden Politiker der Welt den Juden keine Hilfe angeboten; heute hätten die Juden die Lektion gelernt, dass sie sich nur auf sich selbst verlassen können. Deshalb, so Netanjahus Vergleich weiter, hänge unsere Verteidigung allein von unseren Entscheidungen ab. Das ist natürlich ein falscher Vergleich, denn Israel befindet sich in keiner Weise in der Situation der Juden während der Schoa und ist ein Staat unter Staaten, der sich entsprechend seinen Interessen verhalten muss. In Netanjahus Rhetorik bedeutet dies, gegen den ausdrücklichen Wunsch seiner westlichen Verbündeten zu handeln und in Rafah einzurücken. Für viele Menschen, darunter Mitglieder seines Kriegskabinetts, wäre dies ein schwerer Fehler.

Der Vergleich der gegenwärtigen Situation mit der Schoa ist meist das Ergebnis überhitzter Emotionen. Ein Aspekt bietet zumindest einen Hauch von Ähnlichkeit: Der Hass der islamistischen Bewegungen im Allgemeinen und der Hamas im Besonderen auf die Juden ähnelt dem Hass der Nazis; in diesem Sinne könnte der 7. Oktober, der Wunsch, mit äußerster Grausamkeit zu massakrieren, mit einigen «Aktionen» der Nationalsozialisten bei der Liquidierung von Ghettos verglichen werden. Ansonsten ist der Vergleich nicht zutreffend. Erstens ist der vorherrschende Aspekt der heutigen Feindseligkeit die weit verbreitete Kritik an Israel, und so fehlgeleitet sie auch sein mag, ist sie nicht immer mit Antisemitismus behaftet.

Die Zunahme des Antisemitismus in den westlichen Gesellschaften ist jedoch real, vor allem im Vergleich zur Situation in den Jahrzehnten nach der Schoa. Das Wiederaufleben dieses Schreckens ist auf eine Reihe von Faktoren zurückzuführen, wie die «Woke»-Kampagnen, postkoloniale Ideologien oder klassische antisemitische Tropen der harten Rechten und der harten Linken, aber in seiner mittleren Intensität ähnelt er dem europäischen und amerikanischen Antisemitismus, sagen wir, am Vorabend des Ersten Weltkriegs, als der Sozialismus, die Krisen des Kapitalismus und traditionelle christliche antijüdische Überzeugungen bei den Juden der damaligen Zeit abgeladen wurden. Die große Ausnahme, ein viel schlimmerer Fall in jenen Jahren, war das zaristische Russland.

Die gegenwärtige Ausbreitung des Antisemitismus sollte sicherlich nicht kleingeredet werden, aber sie sollte auch kein Grund zur Panik sein, wie es mitunter der Fall ist. Was zwischen den Weltkriegen und während des Zweiten Weltkriegs geschah, kann keinesfalls als Vergleich für die Gegenwart herangezogen werden, und zwar aus zwei wesentlichen Gründen: Erstens war die Verfolgung und Vernichtung der Juden in den 1930er und 1940er Jahren staatliche Politik, während die westlichen Regierungen heute gegen den Antisemitismus vorgehen und ihn größtenteils bekämpfen; der andere wesentliche Unterschied ist die Existenz des Staates Israel, auch wenn die israelische Politik zum Auslöser von Antisemitismus wurde und werden kann, insbesondere in der heutigen Zeit. Ich habe das in diesem Tagebuch bereits mehrfach angesprochen. Um diese Schande zu vermeiden, muss Israel die Idee eines Palästinenserstaats akzeptieren.

6. Mai 2024

Vor dem Hintergrund einer wahrscheinlichen Operation in Rafah in naher Zukunft hat Ismail Hanija, der Führer des politischen Arms der Hamas, soeben bekannt gegeben, dass seine Organisation die Bedingungen des Waffenstillstands akzeptiert. In Israel hält man dies für einen Trick und nicht für ein Angebot, das von Israel diskutiert und akzeptiert werden könnte.

Israel bestätigt die palästinensischen Nachrichten: Panzer sind in den Osten Rafahs vorgedrungen. Gleichzeitig schickt Israel eine Delegation nach Kairo, um weitere Gespräche über die Geiseln zu führen. Es scheint, dass alle Mitglieder des Kriegskabinetts nun der Operation bei gleichzeitigen Verhandlungen zugestimmt haben.

7. Mai 2024

Die Operation in Rafah scheint tatsächlich Teil der komplizierten Verhandlungen über einen Waffenstillstand und eine Einigung bezüglich der Geiseln zu sein, keine echte Militäroperation. Unterdessen hat Israel den jüngsten Vorschlag der Hamas nicht akzeptiert, aber das bedeutet in diesem Stadium wenig. Die nächsten Tage werden es zeigen.

8. Mai 2024

Ungeachtet der sehr begrenzten israelischen Operation in Rafah haben die USA die Lieferung einiger Waffenkategorien ausgesetzt. Nach Ansicht Jerusalems könnte dies die Haltung der Hamas bei den Verhandlungen über ein Abkommen verhärten.

9. Mai 2024

Netanjahu ist für Bidens Entscheidung verantwortlich. Die Rafah-Operation war, mochte sie auch begrenzt sein, eine offene Provokation für den amerikanischen Präsidenten. Vielleicht hat Netanjahu geglaubt, dass Biden im letzten Moment zögern würde, einen Schritt zu unternehmen, der Israel in echte Schwierigkeiten bringt und die Hamas ermutigt, auf ihrer Position zu beharren. Der strategische Vorteil für Israel ist nicht klar, der politische Vorteil für Netanjahu aber schon: Seine Koalitionspartner von der extremen Rechten sind zufrieden, und er bleibt an der Macht. Von einer Entscheidung zur nächsten wird dieser Mann Israel bis zum Äußersten schaden.

10. Mai 2024

Heute strahlte CNN eine investigative Reportage über die Bedingungen in einem Gefangenenlager für Männer aus dem Gazastreifen aus, die verdächtigt werden, Mitglieder

der Hamas zu sein. Der Bericht stützt sich auf Aussagen von drei israelischen Arbeitern in einem Lager namens Sde Teiman (Jemen-Feld), das im Negev, nahe der Grenze zum Gazastreifen, eingerichtet wurde. Die Aussagen der Israelis wurden von einem in diesem Lager inhaftierten Arzt aus Gaza bestätigt. Wenn nur ein Teil dessen, was diese Arbeiter CNN erzählt haben, wahr ist, wird dies ein sehr dunkler Fleck auf Israels ohnehin schon ramponiertem Ruf bleiben.

Nachdem die USA die Zusicherung Israels erhalten haben, dass die amerikanischen Waffen im Einklang mit dem Völkerrecht eingesetzt werden, haben sie beschlossen, das angekündigte Embargo für Bomben und andere Waffen, die für Israel bestimmt sind, nicht zu verhängen. Ein kleiner Lichtblick in einer düsteren Landschaft.

Die anti-israelischen Kundgebungen haben sich zu einem wahren Sturm entwickelt. Die meisten Demonstranten haben nicht die geringste Ahnung, was sie da brüllen, aber die Hauptsache ist, dass sie brüllen. Inwieweit diese Proteste eine signifikante Dosis Antisemitismus enthalten, ist sehr schwer zu sagen. Ich habe vor ein paar Tagen darüber geschrieben, habe aber noch kein klareres Bild. Es besteht aber kein Zweifel, dass giftige Dämpfe in der Luft liegen.

11. Mai 2024

Einem der maßgeblichen israelischen Kommentatoren zufolge ist Netanjahu nicht in der Lage, die beiden Worte auszusprechen, die uns aus der Sackgasse führen würden:

«Palästinensischer Staat» – dem stimme ich voll und ganz zu. Also brauchen wir dafür Wahlen und einen anderen Premierminister. Wie die Familien der Geiseln lauthals fordern: «Um sie zu retten, müssen wir das Land vor Netanjahu retten.» Das ist der schwierige Teil. Derweil geht der Krieg ohne Ziel und ohne Ergebnisse weiter.

Vor ein paar Tagen zeigte die Hamas ein Video der Geisel Nadav Popplewell, 51. Popplewell war am 7. Oktober aus dem Kibbuz Nirim entführt worden. Gestern verkündete die Organisation seinen Tod, «verursacht durch eine von einem israelischen Flugzeug abgeschossene Rakete» – das ist nichts anderes als Psychoterror pur.

12. Mai 2024

Die *New York Times* schreibt recht überzeugend, dass Jahia Sinwar hinter dem Scheitern der verschiedenen Geiselverhandlungen steckt. Sein Ziel ist es, das internationale Ansehen Israels zu zerstören. Damit ist er ziemlich erfolgreich ... Israel verliert nicht nur sein internationales Ansehen, indem es den Gaza-Krieg fortsetzt, sondern auch, indem es unberechenbar mit einem Krieg weitermacht, der offensichtlich nicht gewonnen werden kann und kein glaubwürdiges Ziel hat.

13. Mai 2024

Das UN-Büro für die Koordinierung humanitärer Angelegenheiten (OCHA) hat die Zahlen der seit Beginn des Krieges in Gaza getöteten Zivilisten revidiert. Die Zahl der getöteten Frauen und Kinder wurde im Vergleich zu den früheren Angaben, die sich auf das von der Hamas kontrollierte Gesundheitsministerium stützten, um die Hälfte reduziert. Das ändert jedoch nichts an der Tatsache, dass eine große Zahl unschuldiger Zivilisten in einem Krieg umkommt, der kein Ende findet.

Aus von Israel beschlagnahmten und von der *New York Times* eingesehenen Dokumenten geht hervor, dass Sinwar einen rigiden Überwachungsdienst für die Bevölkerung des Gazastreifens unterhält, der nicht nur nach politisch Andersdenkenden fahndet, sondern auch nach dem, was die Hamas als unmoralisches Verhalten betrachtet, also in gewisser Weise nach iranischem Vorbild.

Heute war der israelische Gedenktag für gefallene Soldaten und Bürger, die bei Terroranschlägen getötet wurden. Vor zwei Tagen beging das Land Jom Haschoa, den Tag des Gedenkens an den Holocaust. Obwohl die heutigen Zeremonien von Unmutsäußerungen überschattet wurden, die sich vor allem gegen Minister richteten, die die Regierung in verschiedenen Städten vertraten, kann man sich – ich zumindest – des Eindrucks nicht erwehren, dass unsere Gesellschaft auf das Totengedenken irgendwie natürlicher eingestimmt ist als auf die Feierlichkeiten zum Unabhängigkeitstag, die unmittelbar darauf folgen werden. Es ist ein seltsames Gefühl, das wahrscheinlich von den meisten nicht geteilt wird, da es für die Mehrheit unbewusst sein mag. Das ist vielleicht auch besser so.

14. Mai 2024

Heute ist der 76. Jahrestag der Unabhängigkeit Israels. Ein sehr junges Land für ein sehr altes Volk. Ich habe gestern darüber gesprochen, was ich davon halte. Netanjahu hat an keiner der Festveranstaltungen teilgenommen, die der Premierminister üblicherweise jedes Jahr besucht. Vielleicht hatte er Angst vor Zwischenrufern. Es sollte mehr Zwischenrufer geben, bis unser Premierminister von seinem Platz vertrieben wird. Schade, dass Israel an einem solchen Tag einen solchen Mann an der Spitze hat.

15. Mai 2024

Der Internationale Gerichtshof in Den Haag entscheidet in Kürze über eine von der Türkei und Ägypten unterstützte Forderung Südafrikas, Israel zur Einstellung seiner Operationen im Gazastreifen zu verurteilen. Die Forderung folgt auf den Beginn der Rafah-Offensive. Israel versucht, die Entscheidung hinauszuzögern.

Netanjahu hat beschlossen, das Gesetz über die Befreiung der ultraorthodoxen Juden vom Wehrdienst in Gestalt des von der vorherigen Knesset verabschiedeten Entwurfs einem Ministerausschuss vorzulegen, da unter anderem Gantz und Galant eine Überarbeitung dieser

Ausnahmeregelungen fordern, denn es besteht dringender Bedarf an zusätzlichem Militärpersonal.

In einer scharfen Kritik an Netanjahus Weigerung, über die Nachkriegsverwaltung des Gazastreifens zu diskutieren, erklärte Verteidigungsminister Galant, dass die Lösung in einer palästinensischen Behörde unter internationaler Aufsicht bestehe und nicht in einer zivilen und militärischen Präsenz Israels, wie sie der Premierminister anscheinend anstrebt und wie es die Extremisten in seiner Koalition fordern. Zu diesem Zeck beschloss er, Netanjahu in zwei zentralen politischen Fragen öffentlich die Stirn zu bieten, nämlich dem «Tag danach» und dem Gesetzentwurf zu den Ultra-Orthodoxen.

16. Mai 2024

Die *New York Times* veröffentlicht eine ausführliche Untersuchung, die sich zu einem großen Teil auf vertrauliche israelische Quellen stützt (u. a. auf das Protokoll eines Treffens beim Kommandeur der Zentralfront). Dabei geht es darum, dass die Extremisten in der Koalition das Westjordanland vor und nach dem 7. Oktober in den Würgegriff genommen haben. Sie belegt die systematische Terrorisierung der Palästinenser, die Errichtung illegaler Siedlungen usw. Diese verdeckten Aktivitäten werden von Netanjahus Regierung unterstützt. Der Premierminister ist bereit, das Land für seine eigenen Interessen zu opfern. Was für eine Schande und was für eine Katastrophe!

17. Mai 2024

Die Armee hat drei Leichen von Geiseln geborgen, die am 7. Oktober von der Hamas auf dem Musikfestival bei Re'im entführt wurden. An diesem Festival nahmen Hunderte von Israelis teil, von denen die meisten an Ort und Stelle massakriert wurden. Das Verhalten der Hamas am 7. Oktober und danach gegenüber den Geiseln ist kriminell und zutiefst empörend. Insofern klingt es durchaus überzeugend, dass Israel angesichts einer derartigen Terrororganisation anscheinend keine andere Wahl hat, als so lange zu kämpfen, bis sie in Zukunft keinen Schaden mehr anrichten kann. Entscheidend ist hier das Wort «anscheinend». In einer Welt, in der es klare Siege und Niederlagen gäbe, wäre dies die offensichtliche Wahl, aber in diesem Fall sind wir von einem klaren militärischen Sieg in Gaza weit entfernt. Dieser Krieg kann Monate dauern, wenn nicht noch länger, und in der Zwischenzeit bedeutet er eine wachsende Gefahr für die Geiseln. Die Alternative sind Verhandlungen, um den Krieg zu beenden und die Freilassung der Geiseln zu erreichen. Netanjahu und seine extremistischen Verbündeten wollen das nicht, da sie auf eine langfristige militärische Kontrolle des Gazastreifens aus sind, ein Ziel, das Galant vor zwei Tagen öffentlich machte und das es dem Premierminister auch erlauben würde, seine Koalition zusammenzuhalten, das aber mehr Blut und mehr Tränen auf unbestimmte Zeit kosten würde. Werden die Meinung des Verteidigungsministers und des Verteidigungsapparats sowie der Druck der Bevölkerung Netanjahu zwingen, seine Ziele zu ändern? Oder werden diese Faktoren ihn zu Fall bringen? Heute kann man mit Sicherheit sagen, dass die Mehrheit der Israelis dies hofft.

In Rafah entdeckte die Armee 700 Hamas-Tunnel, von denen 50 nach Ägypten führen, offensichtlich für den Waffennachschub und als Fluchtwege für die Führung.

Vierzig Prozent der Personen, die während der Pro-Palästina-Proteste an der University of California, Irvine verhaftet wurden, waren keine Studenten.

18. Mai 2024

Benny Gantz, der dem Kriegskabinett angehört, hat für heute Abend eine Pressekonferenz angekündigt. Wird er seinen Rücktritt erklären? Es könnte die Regierung zu Fall bringen, wenn sich ihm einige Likud-Mitglieder anschließen. Das ist auf jeden Fall ein entscheidender Schritt, da Jack Sullivan, Bidens Nationaler Sicherheitsberater, morgen aus Riad in Israel eintrifft, mit Forderungen für «den Tag danach», die Netanjahu immer wieder hinausschiebt, wie die Beteiligung der Palästinensischen Autonomiebehörde an der Kontrolle der Enklave nach dem Ende der Kämpfe. Gantz ist, wie wir uns erinnern, für eine internationale zivile Kontrolle, einschließlich der Palästinensischen Autonomiebehörde, und gegen die von Netanjahu gewünschte Fortsetzung der israelischen Militärpräsenz.

In seiner Pressekonferenz warf Gantz Netanjahu vor, einer kleinen Gruppe von Extremisten aus ideologischen und persönlichen Motiven die Kontrolle über die Operationen überlassen zu haben. Er drohte damit, dass er zurücktreten werde, wenn bis zum 8. Juni kein strategischer Plan für den Fortgang des Krieges und das Erreichen des Sieges vorliege. Er sagte nicht ausdrücklich, was der strategische Plan mit Blick auf die Nachkriegsziele umfassen sollte, aber es lässt sich aus seiner Attacke gegen die Extremisten erschließen.

Die strategischen Forderungen von Gantz sind für Netanjahu nicht allzu gefährlich, mit Ausnahme eines Punktes, den er am Ende seiner spezifischen Forderungen nannte: ein Gesetz, das die Einberufung der ultrareligiösen Studenten vorschreibt. Ein solches Gesetz würde höchstwahrscheinlich den Rücktritt der Minister der religiösen Parteien auslösen und die Koalition zu Fall bringen. Die andere vorteilhafte Möglichkeit ist, dass Gantz seinen Schritt mit Galant abgestimmt hat und dass der Rücktritt des einen den Rücktritt des anderen nach sich ziehen würde. Das würde die Regierung zwar nicht automatisch zu Fall bringen, aber den psychologischen Hintergrund für ihren raschen Zusammenbruch schaffen.

Die Leiche von Ron Benjamin, einer der am 7. Oktober entführten Geiseln, wurde in Gaza geborgen.

19. Mai 2024

Der Nationale Sicherheitsberater im Weißen Haus, Jack Sullivan, ist aus Riad in Israel eingetroffen und trifft mit Netanjahu zusammen. Die gestrige Antwort des Premierministers an Gantz, in der er eine mögliche Beteiligung der Palästinensischen Autonomiebehörde an der Verwaltung des Gazastreifens nach dem Krieg ablehnte, lässt für

Sullivans Mission nicht viele Möglichkeiten offen. Aber warten wir es ab.

Wie das iranische Fernsehen berichtet, ist der Hubschrauber mit Präsident Ebrahim Raisi und dem Außenminister an Bord im Norden des Landes abgestürzt. Man bangt um ihr Leben.

Am Nachmittag (israelische Zeit) konnte der abgestürzte Hubschrauber über ein iPhone-Signal geortet werden. Einige Stunden später wurde der Tod aller Personen an Bord des Hubschraubers bestätigt.

Über die von der US-Armee errichtete schwimmende Anlegestelle kommen humanitäre Hilfslieferungen in Gaza an.

20. Mai 2024

Der Chefankläger des Internationalen Strafgerichtshofs in Den Haag fordert Haftbefehle gegen Netanjahu und Galant sowie gegen Sinwar, Hanija und Def. Die USA und auch Deutschland reagieren verärgert auf diese Entscheidung. Ungeachtet dieser Kritik könnte die Entscheidung des IStGH dem ohnehin schon sehr schlechten internationalen Image Israels weiteren erheblichen Schaden zufügen.

21. Mai 2024

Frankreich, Belgien und Norwegen unterstützen den Chefankläger des IStGH, die Vereinigten Staaten, Großbritannien und Deutschland lehnen seinen Vorstoß ab.

Jack Sullivan äußert in Gesprächen hinter verschlossenen Türen seine Enttäuschung über Netanjahus Weigerung, die Möglichkeit eines palästinensischen Staates überhaupt nur in Erwägung zu ziehen, und deutet an, dass der Premierminister Angst vor Ben-Gvir hat.

22. Mai 2024

Norwegen, Irland und Spanien erkennen einen palästinensischen Staat an.

EPILOG

Ich schreibe diesen Epilog am 20. Juni 2024. Er soll die wichtigsten Aspekte, die bereits im Text angesprochen wurden, noch einmal rekapitulieren, da sich die Situation nicht wesentlich verändert hat, und einige neuere Entwicklungen hinzufügen.

Im Inneren ist Israel gespaltener denn je, denn zu den bereits erwähnten sozialen und religiösen Gräben kommt eine wachsende Entfremdung zwischen der Armee und den Sicherheitsdiensten einerseits und dem Premierminister andererseits hinzu. Jüngstes Beispiel ist die gestrige Erklärung des israelischen Militärsprechers, Flottillenadmiral Dani Hagari, wonach die Hamas als Ideologie und wahrscheinlich auch als Organisation nicht zu besiegen sei. Diese offizielle militärische Erklärung steht im Widerspruch zu dem von Netanjahu unablässig wiederholten Ziel, wonach der Krieg nicht beendet werde, bevor nicht die Hamas vernichtet sei. Die Folgen dieses Bruchs sind noch nicht abzusehen. In einem weiteren Affront gegen den Premierminister hat die Armee tägliche mehrstündige Kampfpausen eingeführt, um die Verteilung humanitärer Hilfe an die Zivilbevölkerung in Gaza zu ermöglichen. Netanjahu hat dagegen Einspruch erhoben, jedoch ohne Erfolg. Das Zerwürfnis zwischen dem Premierminister und der Armee ist nicht neu, denn Netanjahu hat von Anfang an angedeutet, dass die Verantwortung für den 7. Oktober nicht bei ihm, sondern beim Sicherheitsapparat liege.

Der Premierminister hat vermutlich den größten Teil des Likud hinter sich, auch wenn einige Parteimitglieder die Befreiung der ultraorthodoxen Studenten vom Militärdienst nicht akzeptieren werden – ein Thema, das eine sehr reale Gefahr für die Koalition darstellt. Kurzum, Netanjahu ist an mehreren Fronten gefährdet, aber er wird wohl wie in der Vergangenheit alle Widrigkeiten meistern. Sein einziges Ziel ist es, an der Macht zu bleiben, koste es das Land, was es wolle.

Der höchste Preis, den das Land zahlt, ist die Fortsetzung eines Krieges, der sich ohne strategisches Ziel hinzieht. Dass die Geiseln ohne eine endgültige Beendigung der Kämpfe zurückkehren werden, ist eher unwahrscheinlich. Eine solche endgültige Einstellung der Kampfhandlungen würde intern vermutlich bedeuten, dass die Büchse der Pandora hinsichtlich der Verantwortung für den 7. Oktober geöffnet wird, bei der dem Premierminister eine zentrale Rolle zukommt, und dass Neuwahlen gefordert werden, was wahrscheinlich das Ende von Netanjahus Regierungszeit bedeuten würde. Auf internationaler Ebene würde das Ende des Krieges fast zwangsläufig die Forderung nach der Akzeptanz und Anerkennung eines palästinensischen Staates durch Israel laut werden lassen, und dieser Palästinenserstaat wäre ein wichtiger Partner bei der Verwaltung des Gazastreifens, eine Situation, die Netanjahu bisher zu vermeiden wusste. Bevor dies jedoch konkret geschieht, muss die Situation im Westjordanland geklärt und über den Status der Siedlungen entschieden werden. Ohne größere politische Veränderungen in Israel wird das freilich nicht passieren. Kurz gesagt: Da die Gesamtsituation so kompliziert ist, bestehen gute Chancen, dass lange Zeit nichts geschieht.

Wenn die politische Lähmung im jüdischen Staat anhält, besteht die Gefahr, dass die Welle des neuen Antisemitismus, die unter dem Vorwand daherkommt, die Palästinenser gegen die israelische Unterdrückung zu unterstützen, nicht schwächer wird.

Die einzige unmittelbare und sehr positive Folge einer Beendigung des Krieges, abgesehen von der Rückkehr der Geiseln, wäre die Entlastung der Zivilbevölkerung von Gaza und der Wiederaufbau der Enklave, wahrscheinlich durch ein internationales Konsortium, in dem die Vereinigten Staaten und die arabischen Länder eine wichtige Rolle spielen würden.

Diese insgesamt düstere Bilanz (abgesehen von den Geiseln und der Zivilbevölkerung im Gazastreifen) ließe sich durch einen Verweis auf die Studentenproteste ergänzen. Meiner Ansicht nach werden sie, sofern sie nicht antisemitisch motiviert sind, nachlassen, nicht weil die Studenten kein Recht auf Protest hätten – sie haben sehr wohl ein Recht darauf –, sondern weil die Proteste nicht durch die Kenntnis der Situation, gegen die sie sich richten, motiviert sind; insofern unterscheiden sie sich deutlich von den Demonstrationen gegen den Vietnamkrieg und den gesellschaftlichen Strukturen der damaligen Zeit.

Die Nordgrenze Israels und den Zermürbungskrieg, den die Hisbollah gegen Israel führt, habe ich nicht erwähnt, da niemand weiß, wie sich der Iran entscheiden wird und was sein Schützling tun wird. Dies könnte sich zu einer größeren zweiten Front entwickeln.

Das einzige Licht am Ende dieses Tunnels ist die Möglichkeit, einen ziellosen Krieg zu beenden und damit die Geiseln zu retten, die noch gerettet werden können, der Zivilbevölkerung in Gaza Erleichterung zu verschaffen und schlussendlich die Idee eines palästinensischen Staates zu akzeptieren.

AUS DEM VERLAGSPROGRAMM